民峰

玄學錦囊

八字入門

捉用神

自序

很多人都有研究八字命理的興趣，但因義理艱深，大都不得其門而入。而我在各樣術數方面，於八字命理的研究最為深入，且屢有創新，亦因為這個關係，令我拿不起筆來寫八字的書籍。由於我現在所用的寒熱命理論是自己發明的，與古代理論有很大的出入，所以在著作之時，不知道從何寫起。最後我還是選擇先以傳統八字論法入手，然後再另寫專書，闡述如何由傳統八字轉化為寒熱命八字的看法！

蘇民峰

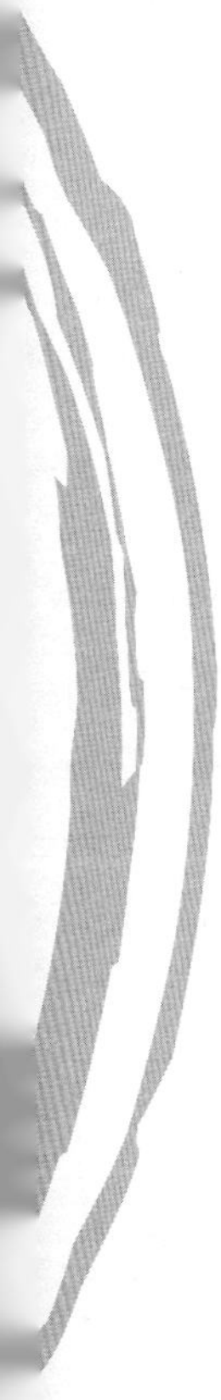

作者簡介

蘇民峰 長髮，生於一九六〇年，人稱現代賴布衣，對風水命理等術數有獨特之個人見解。憑着天賦之聰敏及與術數的緣分，對於風水命理之判斷既快且準，往往一針見血，疑難盡釋。

以下是蘇民峰近二十年之簡介：

八三年 開始業餘性質會客以汲取實際經驗。

八六年 正式開班施教，包括面相、掌相及八字命理。

八七年 毅然拋開一切，隻身前往西藏達半年之久。期間曾遊歷西藏佛教聖地「神山」、「聖湖」，並深入西藏各處作實地體驗，對日後人生之看法實跨進一大步。回港後開設多間店鋪（石頭店），售賣西藏密教法器及日常用品予有緣人士，又於店內以半職業形式為各界人士看風水命理。

八八年 夏天受聘往北歐勘察風水，足跡遍達瑞典、挪威、丹麥及南歐之西班牙，回港後再受聘往加拿大等地勘察。同年接受《繽紛雜誌》訪問。

八九年 再度前往美加，為當地華人服務，期間更多次前往新加坡、日本、台灣等地。同年接受《城市周刊》訪問。

九〇年 夏冬兩次前往美加勘察，更多次前往台灣，又接受台灣之《翡翠雜誌》、《生活報》等多本雜誌訪問。同年授予三名入室弟子蘇派風水。

九一年 續去美加、台灣勘察。是年接受《快報》、亞洲電視及英國BBC國家電視台訪問。所有訪問皆詳述風水命理對人生的影響，目的為使讀者及觀眾能以正確態度去面對人生。同年又出版了「現代賴布衣手記之風水入門」錄影帶，以滿足對風水命理有研究興趣之讀者。

九二年 續去美加及東南亞各地勘察風水，同年BBC之訪問於英文電視台及衛星電視「出位旅程」播出。此年正式開班教授蘇派風水。

九四年 首次前往南半球之澳洲勘察，研究澳洲計算八字的方法與北半球是否不同。同年接受兩本玄學雜誌《奇聞》及《傳奇》之訪問。是年創出寒熱命論。

九五年 再度發行「風水入門」之錄影帶。同年接受《星島日報》及《星島晚報》之訪問。

九六年 受聘前往澳洲、三藩市、夏威夷、台灣及東南亞等地勘察風水。同年接受《凸周刊》、《一本便利》、《優閣雜誌》及美聯社、英國MTV電視節目之訪問。是年正式將寒熱命論授予學生。

九七年 首次前往南非勘察當地風水形勢。同年接受日本NHK電視台、丹麥電視台、《置業家居》、《投資理財》及《成報》之訪問。同年創出風水之五行化動土局。

九八年 首次前往意大利及英國勘察。同年接受《TVB周刊》、《B International》、《壹周刊》等雜誌之訪問，並應邀前往有線電視、新城電台、商業電台作嘉賓。

九九年 再次前往歐洲勘察，同年接受《壹周刊》、《東周刊》、《太陽報》及無數雜誌、報章訪問，同時應邀往商台及各大電視台作嘉賓及主持。此年推出首部著作，名為《蘇民峰觀相知人》，並首次推出風水鑽飾之「五行之飾」、「陰陽」、「天圓地方」系列，另多次接受雜誌進行有關鑽飾系列之訪問。

二千年

再次前往歐洲、美國勘察風水，並首次前往紐約，同年masterso.com網站正式成立，並接受多本雜誌訪問關於網站之內容形式，及接受校園雜誌《Varsity》、日本之《Marie Claire》、復康力量出版之《香港100個叻人》、《君子》、《明報》等雜誌報章作個人訪問。同年首次推出第一部風水著作《蘇民峰風生水起（巒頭篇）》、第一部流年運程書《蛇年運程》及再次推出新一系列關於風水之五行鑽飾，並應無線電視、商業電台、新城電台作嘉賓主持。

〇一年

再次前往歐洲勘察風水，同年接受《南華早報》、《忽然一週》、《蘋果日報》、日本雜誌《花時間》、NHK電視台、關西電視台及《讀賣新聞》之訪問，以及應紐約華語電台邀請作玄學節目嘉賓主持。同年再次推出第二部風水著作《蘇民峰風生水起（理氣篇）》及《馬年運程》。

〇二年

再一次前往歐洲及紐約勘察風水。續應紐約華語電台邀請作玄學節目嘉賓主持，及應邀往香港電台作嘉賓主持。是年出版《蘇民峰玄學錦囊（相掌篇）》、《蘇民峰八字論命》、《蘇民峰玄學錦囊（姓名篇）》。同年接受《3週刊》、《家週刊》、《快週刊》、《讀賣新聞》之訪問。

○三年

再次前往歐洲勘察風水，並首次前往荷蘭，續應紐約華語電台邀請作玄學節目嘉賓主持。同年接受《星島日報》、《東方日報》、《成報》、《太陽報》、《壹周刊》、《一本便利》、《蘋果日報》、《新假期》、《文匯報》、《自主空間》之訪問，及出版《蘇民峰玄學錦囊（風水天書）》與漫畫《蘇民峰傳奇1》。

○四年

再次前往西班牙、荷蘭、歐洲勘察風水，續應紐約華語電台邀請作風水節目嘉賓主持，及應有線電視、華娛電視之邀請作其節目嘉賓，同年接受《新假期》、《MAXIM》、《壹周刊》、《太陽報》、《東方日報》、《星島日報》、《成報》、《經濟日報》、《快週刊》、《Hong Kong Tatler》之訪問，及出版《蘇民峰之生活玄機點滴》、漫畫《蘇民峰傳奇2》、《家宅風水基本法》、《The Essential Face Reading》、《The Enjoyment of Face Reading and Palmistry》、《Feng Shui by Observation》及《Feng Shui — A Guide to Daily Applications》。

○五年始

應邀為無綫電視、有線電視、亞洲電視、商業電台、日本NHK電視台作嘉賓或主持，同時接受不同雜誌訪問，並出版《觀掌知心（入門篇）》、《中國掌相》、《八字萬年曆》、《八字入門捉用神》、《八字進階論格局看行運》、《生活風水點滴》、《風生水起（商業篇）》、《如何選擇風水屋》、《談情說相》、《峰狂遊世界》、《瘋蘇Blog Blog趣》、《師傅開飯》、《蘇民峰美食遊蹤》、《蘇民峰 • Lilian蜜蜜煮》、《A Complete Guide to Feng Shui》、《Practical Face Reading & Palmistry》、《Feng Shui— a Key to Prosperous Business》、五行化動土局套裝、《相學全集一至四》、《八字秘法（全集）》、《簡易改名法》、《八字筆記（全集）》、《蘇語錄與實用面相》、《中國掌相》、《風水謬誤與基本知識》等。

蘇民峰顧問有限公司
電話：2780-3675
傳真：2780-1489
網址：www.masterso.com
預約時間：星期一至五
（下午二時至七時）

目錄

第一章 概論

第二章 推命方式

第三章 推大運法

第四章 推命宮胎元法

第五章 六神

第六章 干支之會合刑沖

第七章 五行及十干情性

第八章 旺強衰弱與用神之取用法

第九章 用神之成敗應救

第一章：概論

陰陽

無極生太極——萬物由無至有（見圖一）。

太極生兩儀——有物而後分陰陽，陽氣上升，陰氣下降而成兩儀（見圖二）。

兩儀生四象——陽極陰生，陰極陽生，為太陽少陰，太陰少陽（見圖三）。

四象化為五行四時

太陽——代表夏季，屬**火**。

少陰——代表秋季，屬**金**。

太陰——代表冬季，屬**水**。

少陽——代表春季，屬**木**。

而木火金水交織而為土。

簡而言之，陰陽、五行在其中矣。

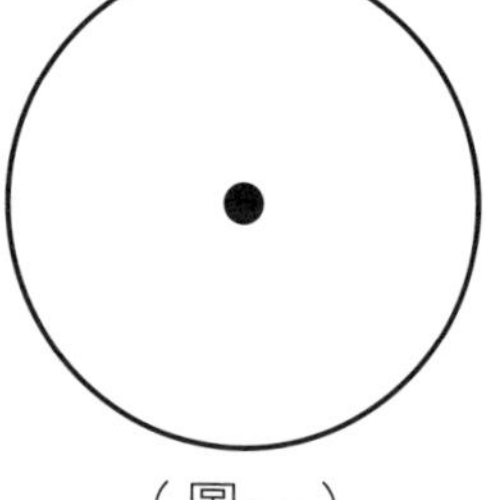

（圖一）

（圖二）

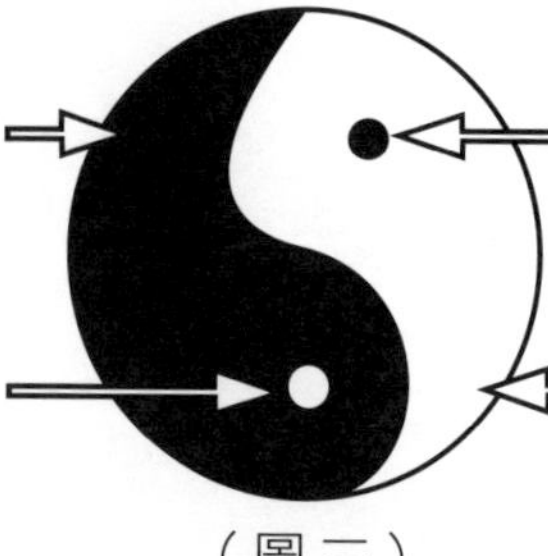

（圖三）

何謂「陰陽」

陰陽是相對而言，如火為陽，水為陰；男為陽，女為陰；人為陽，鬼為陰；向上為陽，向下為陰；向外擴散為陽，向內收斂為陰等。

具體而言，陰陽用在人之身上即為：

陽——由孕育、生長至壯年，為方生之氣，為陽氣。

陰——由壯年以至衰、老、死為陰，為向衰之氣，為退氣、陰氣。

四時、五行

四時

少陽為**春**，太陽為**夏**，少陰為**秋**，太陰為**冬**。

五行

少陽為**木**，太陽為**火**，木火金水混而成**土**，少陰為**金**，太陰為**水**，木火土金水成矣。

五行之代表

木——代表東方，春季。
火——代表南方，夏季。
土——代表中央，四季月（即三、六、九、十二月）。
金——代表西方，秋季。
水——代表北方，冬季。

陰陽與五行之分別

其實陰陽即五行，五行即陰陽，言陰陽，五行在其中矣，而五行再細分之，又各有其陰陽所屬，即「十干」。

五行相生、相剋

相生——木生火，火生土，土生金，金生水，水生木。
相剋——木剋土，土剋水，水剋火，火剋金，金剋木。

五行於四時之旺、相、休、囚、死

如春代表木，木即旺於春，但木在夏、秋、冬都各有其不同的境況——如在夏為休，在秋為死，在冬為相。其他五行皆類似。

旺：為當令之氣，如春令木火，夏令火旺，秋令金旺，冬令水旺。

相：為旺者所生之氣，如春令火為相，因木生火，故火在春令也有一定之力量。

休：為生旺者之氣，等於去供養當令之五行，結果自己必洩其氣，恰似退休一樣。如春令木旺，水去生木則水氣必盡洩於當令之木，故水在春令為休。

囚：為剋旺者之氣，等於去干犯當權者，其後果為入囚，如春令木旺、金來剋木，必致入囚。

死：為旺者所剋之氣，即是當權得令者要置你於死地，你不得不死，故被旺者所剋之五行最無力量。如春令木旺，木剋土，故土為死。

四時＼五行	木	火	土	金	水
春令	旺	相	死	囚	休
夏令	休	旺	相	死	囚
秋令	死	囚	休	旺	相
冬令	相	死	囚	休	旺

十天干

十天干即甲、乙、丙、丁、戊、己、庚、辛、壬、癸。

由於木、火、土、金、水皆各有陰陽所屬，故以十天干為分辨各五行之陰陽代表。

甲——陽木　己——陰土
乙——陰木　庚——陽金
丙——陽火　辛——陰金
丁——陰火　壬——陽水
戊——陽土　癸——陰水

十天干較為單純，只用來代表五行的陰陽。

十二地支

十二地支即子、丑、寅、卯、辰、巳、午、未、申、酉、戌、亥。

地支代表甚多，現分述如下：

十二地支配五行

寅——陽木　申——陽金
卯——陰木　酉——陰金
辰——陽土　戌——陽土
巳——陰火　亥——陰水
午——陽火　子——陽水
未——陰土　丑——陽土

十二地支雖有陰陽所屬，但判斷其陰陽之氣時，仍以支中所藏之人元（即地支中所藏的天干）較為準確，因其中水與火的陰陽是互換的。

十二地支配月分

寅——一月
卯——二月
辰——三月
巳——四月
午——五月
未——六月
申——七月
酉——八月
戌——九月
亥——十月
子——十一月
丑——十二月

十二地支配時辰

子——23時至1時
丑——1時至3時
寅——3時至5時
卯——5時至7時
辰——7時至9時
巳——9時至11時
午——11時至13時
未——13時至15時
申——15時至17時
酉——17時至19時
戌——19時至21時
亥——21時至23時

十二地支配生肖

子——鼠
丑——牛
寅——虎
卯——兔
辰——龍
巳——蛇
午——馬
未——羊
申——猴
酉——雞
戌——狗
亥——豬

十二地支配方位與四季

寅卯辰——東方，春季。
巳午未——南方，夏季。
申酉戌——西方，秋季。
亥子丑——北方，冬季。

十二地支所藏之人元（地天干）

子——藏癸水

丑——藏己土、癸水、辛金

寅——藏甲木、丙火、戊土

卯——藏乙木

辰——藏戊土、乙木、癸水

巳——藏丙火、戊土、庚金

午——藏丁火、己土

未——藏己土、丁火、乙木

申——藏庚金、壬水、戊土

酉——藏辛金

戌——藏戊土、辛金、丁火

亥——藏壬水、甲木

支中人元共二十八個，實為二十八宿。天干地支雖為五行，但其本來是天上星宿的代表。只是五代之徐子平將星宿歸入五行之中，算命才不用看星，而單用五行便可推斷人之吉凶禍福，可算是一項偉大的發明。

因支中人元較為難記，故可跟隨以下歌訣背誦，望能較易記憶。

子中單癸水，丑藏己癸辛，寅藏甲丙戊，

卯中乙木藏，辰中戊乙癸，巳內丙戊庚，

午中藏丁己，未藏己丁乙，申中庚壬戊，

酉內只藏辛，戌中戊辛丁，亥中壬甲藏。

為方便查閱，現列表如下：

時辰	生肖	月分	支中人元	五行	陰陽	分類 / 十二支
23-1	鼠	十一	癸	水	陽	子
1-3	牛	十二	辛癸己	土	陰	丑
3-5	虎	正	戊丙甲	木	陽	寅
5-7	兔	二	乙	木	陰	卯
7-9	龍	三	癸乙戊	土	陽	辰
9-11	蛇	四	庚戊丙	火	陰	巳
11-13	馬	五	己丁	火	陽	午
13-15	羊	六	乙丁己	土	陰	未
15-17	猴	七	戊壬庚	金	陽	申
17-19	雞	八	辛	金	陰	酉
19-21	狗	九	丁辛戊	土	陽	戌
21-23	豬	十	甲壬	水	陰	亥

長生十二宮

前述之旺、相、休、囚、死用以表述五行於每季的旺弱情況，但那只是一個初步的認識，實不足以推斷五行於每月的旺衰情況。

故此，一般子平命理的學者，皆會用長生十二宮來推斷五行於每個月的旺衰情況。

以下為長生十二宮：

長生——代表一個人剛剛生長，生命力旺盛。

沐浴——出生後沐浴，為最柔弱之時。

冠帶——開始長大成人，準備在社會上幹一番事業。

臨官——壯旺之時，可出使仕途。

帝旺——人生在頂峰之時，外象呈陽，內裏呈陰。

衰——旺極而衰。

病——衰繼而病。

死——病繼而死。

墓——死繼而墓，但有迴魂之一刻，迴光反照。

絕——葬後化為滅絕，但五行其實並無滅絕，只是稍作退讓，醞釀重生而已。

胎——再重生而受胎。

養——吸收養分而後再次長生。

陽長生及陰長生

長生十二宮又分為陽長生及陰長生，有「陽生而陰死，陰死而陽生」之説。

其實陽長生亦即五行的長生，而陰長生一般很少會用到，故我們説長生時，不管陰干、陽干，都以陽長生為依歸。

例如：

陽干甲、丙、戊、庚、壬；

陰干乙、丁、己、辛、癸。

甲木——長生在亥，沐浴在子、冠帶在丑……

乙木——長生在午，沐浴在巳、冠帶在辰……

丙火——長生在寅，沐浴在卯、冠帶在辰……

丁火——長生在酉，沐浴在申、冠帶在未……

戊土——長生在寅、申，寄旺於巳、亥。

己土——長生在酉，沐浴在申、冠帶在未……

庚金——長生在巳，沐浴在午、冠帶在未……

辛金——長生在子，沐浴在亥、冠帶在戌……

壬水——長生在申，沐浴在酉、冠帶在戌……

癸水——長生在卯，沐浴在寅、冠帶在丑……

為使各位讀者易於查看，現列圖如下：

陽長生

水（壬）	金（庚）	土（戊）	火（丙）	木（甲）	五行／十二宮
申	巳	寅	寅	亥	長生
酉	午	卯	卯	子	沐浴
戌	未	辰	辰	丑	冠帶
亥	申	巳	巳	寅	臨官
子	酉	午	午	卯	帝旺
丑	戌	未	未	辰	衰
寅	亥		申	巳	病
卯	子		酉	午	死
辰	丑		戌	未	墓
巳	寅		亥	申	絕
午	卯		子	酉	胎
未	辰		丑	戌	養

土永無滅絕，寄生於寅、申，寄旺於巳、亥，到臨官、帝旺、衰然後又再長生、沐浴、冠帶，再到臨官、帝旺、衰然後又再長生。

占卜時土以申為長生，亥為臨官，但八字算命則以寅為長生，巳為臨官，因土長生於申、旺於亥，跟春夏火土同旺有所不同。故土長生於申有其名而無其實，與寅、巳之月不可同日而語。

陰長生

水（癸）	金（辛）	土（己）	火（丁）	木（乙）	五行 / 十二宮
卯	子	酉	酉	午	長生
寅	亥	申	申	巳	沐浴
丑	戌	未	未	辰	冠帶
子	酉	午	午	卯	臨官
亥	申	巳	巳	寅	帝旺
戌	未	辰	辰	丑	衰
酉	午		卯	子	病
申	巳		寅	亥	死
未	辰		丑	戌	墓
午	卯		子	酉	絕
巳	寅		亥	申	胎
辰	丑		戌	未	養

在古代，無人説明陰長生的用處。直到明清年間，當人們以古代算命法也解釋不了命格的特點時，才偶然引用到陰長生，甚至以胎元與命宮的五行來解釋命中五行的強弱。不過，這只是個別例子，可信程度不高。

事實上，只有在解釋不到的時候才引用陰長生、胎元、命宮，但解釋得到時又棄之不用，那到底甚麼時候要用，甚麼時候不用呢？

命理不是給你用來解釋個人觀點，要用的話就每一個命格都要用；不用的話則每一個命都不用才對，這樣後學者才能有所依循。

初學者定八字五行的旺弱時，長生十二宮是非常重要的。

以十月為例，十月為木的長生，火的絕地，金的病地，水的臨冠。當知十月之時水最旺，木次之，金又次之，最弱者為火（因土的身分特殊，故不能在這裏用三言兩語說明）。

又如一月，一月為寅木當令，寅中藏甲丙戊，甲木為當旺之氣，丙火次之，戊土又次之，其他金、水則無力。

又如農曆二月，二月支中人元只藏卯木，故木在二月為頂峰之時，難以容納其他五行。但因木能生火，火得當時得令的木去生，故火之力量亦不錯。其次水洩給旺木而無力，金剋木激怒當權者，土則為木所剋更弱。

現按月分將五行十二宮的旺弱情況表列如下：

水	金	土	火	木	五行 十二宮 月令
病	絕	長生	長生	臨官	正月（寅）
死	胎	沐浴	沐浴	帝旺	二月（卯）
墓	養	冠帶	冠帶	衰	三月（辰）
絕	長生	臨官	臨官	病	四月（巳）
胎	沐浴	帝旺	帝旺	死	五月（午）
養	冠帶	衰	衰	墓	六月（未）
長生	臨官	長生	病	絕	七月（申）
沐浴	帝旺	沐浴	死	胎	八月（酉）
冠帶	衰	冠帶	墓	養	九月（戌）
臨官	病	臨官	絕	長生	十月（亥）
帝旺	死	帝旺	胎	沐浴	十一月（子）
衰	墓	衰	養	冠帶	十二月（丑）

註：土無死絕，生於寅申，旺於巳亥。

月令分日用事

正月建寅	戊土七天	丙火七天	甲木十六天
二月建卯	甲木十天	乙木廿天	
三月建辰	乙木九天	癸水三天	戊土十八天
四月建巳	戊土七天	庚金七天	丙火十六天
五月建午	丙火十天	己土九天	丁火十一天
六月建未	丁火九天	乙木三天	己土十八天
七月建申	戊土七天	壬水七天	庚金十六天
八月建酉	庚金十天	辛金廿天	
九月建戌	辛金九天	丁火三天	戊土十八天
十月建亥	戊土七天	甲木七天	壬水十六天
十一月建子	壬水十天	癸水廿天	
十二月建丑	癸水九天	辛金三天	己土十八天

很多命理書都有月令分日用事，但都是清代以後的書籍，相信此乃由清代以後某生所創。然而，這個月令分日用事其實非常錯誤，並不可信，反而把旺弱的概念給弄糊塗。

其理論是：一月支中人元為甲丙戊，也就是開始十六天是甲木最旺，而十六天以後就輪至火當旺，再七天後則輪到土當旺。又或者說是，開始時之一至七天戊土當旺，中間七天火當旺，最後十六天就木當旺。但不論前者抑或後者，理由都不充分。時至今日，只有少數人因為不問因由而跟循，但近代人已很少用這個方法。

其實在講解「長生十二宮」的部分經已説明，寅月之所藏為木火土，因木主旺，故其力最大；火有木生之，其力不弱；而土在一月為長生之時，亦有一點力量，惟其力不大，畢竟一月時木旺自然會剋土（關於長生十二宮的內容，詳見第十二頁）。

又如三月所藏為戊乙癸，戊土為當旺之氣故最為有力；而春季是木旺的時候，餘氣猶在，故仍有其一定之力；癸水則為入墓之前，迴光反照，只是死前一刻之光芒而已，其力不大。明乎此，則當知月令之分日用事並無所用。

節氣定月分

二十四氣節

原來中國有分陽曆與陰曆，一般人只知中國有陰曆而不知中國有陽曆，又只有術數家、天文家才用陽曆。

陰曆

即月亮曆，是以月球環繞地球一周為一個月，其周期約二十九日半，而十二個月加起來只得三百五十多天，所以每兩至三年便會有一個閏月來補足其數。

陽曆

即太陽曆，是以地球環繞太陽一周作一年計算，與西曆曆法相同，每二十九日半到三十一日半左右為一個月。而日與月之間，就用節來紀事。如立春為一月之開始，驚蟄為二月之開始，清明為三月之開始等。由於陽曆與西方曆法相同，故每年清明節大多都在西曆的四月五日。

而節與節中間，又附之以氣來表示，作為分中之用。

氣即中氣，即每個月的中間日子，如一月與二月中間的叫「雨水」，二月與三月中間的叫「春分」，三月與四月中間的叫「穀雨」。而十月與十一月中間的就叫「冬至」，故每年冬至大多都在西曆的十二月二十二日。

明乎此，則知道每年立春都在二月四、五日，清明節都在四月四、五日，冬至都在十二月二十二、三日。

我們算命時都用太陽曆，而太陽曆的月分有時會與太陰曆的月分有所偏差。

如每年清明節大多都在西曆的四月五日，但四月五日有時會在農曆二月出現，有時則會在農曆三月出現，但其實不用管清明節在二月還是三月，總之過了清明就是三月的開始，之前仍作二月計算。

又一年的開始是以立春來計算，而每年立春都在二月四、五日，但農曆年初一則有時遲，有時早，如二〇〇九牛年的年初一，就在西曆的一月二十六日，而二〇一〇年虎年的年初一，則在二月十四日。

但其實不管農曆年來得遲或早，過了立春才是一年的開始，而生肖屬像也要過了二〇〇九年西曆二月四日立春後才算屬牛，不管你於年初一或年初九出生，全都算是屬鼠。

二十四節氣表

月建＼節氣	節	氣
寅	立春	雨水
卯	驚蟄	春分
辰	清明	穀雨
巳	立夏	小滿
午	芒種	夏至
未	小暑	大暑
申	立秋	處暑
酉	白露	秋分
戌	寒露	霜降
亥	立冬	小雪
子	大雪	冬至
丑	小寒	大寒

六十甲子及旬空（即空亡）

天干有十個，地支有十二個；天干由甲開始，地支由子開始，從甲子、乙丑到壬戌、癸亥，其數為六十，故稱為「六十甲子」。

天干在六十甲子裏面會出現六次，而地支則只會出現五次，故每一旬甲至癸配地支都會有兩個配不上，而這兩個配不上的地支在這一旬裏面便叫「空亡」，而空亡就代表力量不足。

六十甲子及旬空（空亡）表

甲子	乙丑	丙寅	丁卯	戊辰	己巳
甲戌	乙亥	丙子	丁丑	戊寅	己卯
甲申	乙酉	丙戌	丁亥	戊子	己丑
甲午	乙未	丙申	丁酉	戊戌	己亥
甲辰	乙巳	丙午	丁未	戊申	己酉
甲寅	乙卯	丙辰	丁巳	戊午	己未

庚午 辛未 壬申 癸酉 →（戌亥空亡）

庚辰 辛巳 壬午 癸未 →（申酉空亡）

庚寅 辛卯 壬辰 癸巳 →（午未空亡）

庚子 辛丑 壬寅 癸卯 →（辰巳空亡）

庚戌 辛亥 壬子 癸丑 →（寅卯空亡）

庚申 辛酉 壬戌 癸亥 →（子丑空亡）

思考題

（1）五行與十干有甚麼分別？

（2）我們推斷五行旺衰時為甚麼不能用陰日干？

（3）為甚麼過了年初一不一定是一年的開始？

答案

（1）五行即十干，十干即五行，十干只是五行的陰陽代表而已。

（2）因陽長生亦即五行的長生，而陰日干已涵蓋在內了。

（3）因為算命是以陽曆來做依據，故即使陰曆到了年初一，但如陽曆仍未過二月四日立春，都仍以去年計算。

第二章：推命方式

學習八字時，首先要熟習如何起八字，而起八字的方法其實不是很複雜，只要依據步驟去做便可。當然，我們要有一本《萬年曆》作為工具。

起年柱

起年柱其實不需要技巧，只要把《萬年曆》揭到自己出生那年便可。

例如我在一九六〇年出生，便揭到一九六〇年那頁，然後在右面第一行，一九六〇年以下，看見歲次「庚子」，就是那一年的年柱（詳見第三十頁）。然後，只要把「庚子」二字寫在右面第一行即可，如下：

時	日	月	年
×	×	×	庚
×	×	×	子

又如生於一九八〇年，便把《萬年曆》揭到一九八〇年那頁，就會看到歲次「庚申」。

時	日	月	年
×	×	×	庚
×	×	×	申

同樣地，只要把「庚申」二字寫在年柱下即可。

西曆一九六〇年

歲次庚子

太歲 姓虞名起

屬鼠

農曆閏六月		農曆六月		農曆五月		農曆四月		農曆三月		農曆二月		農曆正月		月別
		癸未		壬午		辛巳		庚辰		己卯		戊寅		干支
立秋		大暑	小暑	夏至	芒種	小滿	立夏	穀雨	清明	春分	驚蟄	雨水	立春	節氣
十五亥時 21時15分		三十寅時 4時52分	十四午時 11時25分	廿八酉時 17時50分	十三子時 0時58分	廿六巳時 9時33分	初十戌時 20時24分	廿五巳時 10時4分	初十丑時 2時47分	廿三亥時 22時41分	初八亥時 21時34分	廿三夜子 23時24分	初九寅時 3時24分	
西曆	干支	西曆	干支	西曆	干支	西曆	干支	西曆	干支	西曆	干支	西曆	干支	農曆
7月24	癸丑	6月24	癸未	5月25	癸丑	4月26	甲申	3月27	甲寅	2月27	乙酉	1月28	乙卯	初一
7月25	甲寅	6月25	甲申	5月26	甲寅	4月27	乙酉	3月28	乙卯	2月28	丙戌	1月29	丙辰	初二
7月26	乙卯	6月26	乙酉	5月27	乙卯	4月28	丙戌	3月29	丙辰	2月29	丁亥	1月30	丁巳	初三
7月27	丙辰	6月27	丙戌	5月28	丙辰	4月29	丁亥	3月30	丁巳	3月1	戊子	1月31	戊午	初四
7月28	丁巳	6月28	丁亥	5月29	丁巳	4月30	戊子	3月31	戊午	3月2	己丑	2月1	己未	初五
7月29	戊午	6月29	戊子	5月30	戊午	5月1	己丑	4月1	己未	3月3	庚寅	2月2	庚申	初六
7月30	己未	6月30	己丑	5月31	己未	5月2	庚寅	4月2	庚申	3月4	辛卯	2月3	辛酉	初七
7月31	庚申	7月1	庚寅	6月1	庚申	5月3	辛卯	4月3	辛酉	3月5	壬辰	2月4	壬戌	初八
8月1	辛酉	7月2	辛卯	6月2	辛酉	5月4	壬辰	4月4	壬戌	3月6	癸巳	2月5	癸亥	初九
8月2	壬戌	7月3	壬辰	6月3	壬戌	5月5	癸巳	4月5	癸亥	3月7	甲午	2月6	甲子	初十
8月3	癸亥	7月4	癸巳	6月4	癸亥	5月6	甲午	4月6	甲子	3月8	乙未	2月7	乙丑	十一
8月4	甲子	7月5	甲午	6月5	甲子	5月7	乙未	4月7	乙丑	3月9	丙申	2月8	丙寅	十二
8月5	乙丑	7月6	乙未	6月6	乙丑	5月8	丙申	4月8	丙寅	3月10	丁酉	2月9	丁卯	十三
8月6	丙寅	7月7	丙申	6月7	丙寅	5月9	丁酉	4月9	丁卯	3月11	戊戌	2月10	戊辰	十四
8月7	丁卯	7月8	丁酉	6月8	丁卯	5月10	戊戌	4月10	戊辰	3月12	己亥	2月11	己巳	十五
8月8	戊辰	7月9	戊戌	6月9	戊辰	5月11	己亥	4月11	己巳	3月13	庚子	2月12	庚午	十六
月9	己巳	7月10	己亥	6月10	己巳	5月12	庚子	4月12	庚午	3月14	辛丑	2月13	辛未	十七
月10	庚午	7月11	庚子	6月11	庚午	5月13	辛丑	4月13	辛未	3月15	壬寅	2月14	壬申	十八
月11	辛未	7月12	辛丑	6月12	辛未	5月14	壬寅	4月14	壬申	3月16	癸卯	2月15	癸酉	十九
月12	壬申	7月13	壬寅	6月13	壬申	5月15	癸卯	4月15	癸酉	3月17	甲辰	2月16	甲戌	二十
月13	癸酉	7月14	癸卯	6月14	癸酉	5月16	甲辰	4月16	甲戌	3月18	乙巳	2月17	乙亥	廿一
月14	甲戌	7月15	甲辰	6月15	甲戌	5月17	乙巳	4月17	乙亥	3月19	丙午	2月18	丙子	廿二
月15	乙亥	7月16	乙巳	6月16	乙亥	5月18	丙午	4月18	丙子	3月20	丁未	2月19	丁丑	廿三
月16	丙子	7月17	丙午	6月17	丙子	5月19	丁未	4月19	丁丑	3月21	戊申	2月20	戊寅	廿四
月17	丁丑	7月18	丁未	6月18	丁丑	5月20	戊申	4月20	戊寅	3月22	己酉	2月21	己卯	廿五
月18	戊寅	7月19	戊申	6月19	戊寅	5月21	己酉	4月21	己卯	3月23	庚戌	2月22	庚辰	廿六
月19	己卯	7月20	己酉	6月20	己卯	5月22	庚戌	4月22	庚辰	3月24	辛亥	2月23	辛巳	廿七
月20	庚辰	7月21	庚戌	6月21	庚辰	5月23	辛亥	4月23	辛巳	3月25	壬子	2月24	壬午	廿八
月21	辛巳	7月22	辛亥	6月22	辛巳	5月24	壬子	4月24	壬午	3月26	癸丑	2月25	癸未	廿九
		7月23	壬子	6月23	壬午			4月25	癸未			2月26	甲申	三十

月二十曆農			月一十曆農			月十曆農			月九曆農			月八曆農			月七曆農			別月
丑己			子戊			亥丁			戌丙			酉乙			申甲			支干
春立		寒大	寒小		至冬	雪大		雪小	冬立		降霜	露寒		分秋	露白		暑處	節氣
9時26分 十九巳時		15時2分 初四申時	21時34分 十九亥時		4時22分 初五寅時	10時30分 十九巳時		15時16分 初四申時	17時46分 十九酉時		17時53分 初四酉時	15時3分 十八申時		9時2分 初三巳時	23時54分 十七夜子		11時48分 初二午時	
曆西		支干	曆西		支干	曆西		支干	曆西		支干	曆西		支干	曆西		支干	曆農
1月	17	戌庚	12月	18	辰庚	11月	19	亥辛	10月	20	巳辛	9月	21	子壬	8月	22	午壬	一初
1月	18	亥辛	12月	19	巳辛	11月	20	子壬	10月	21	午壬	9月	22	丑癸	8月	23	未癸	二初
1月	19	子壬	12月	20	午壬	11月	21	丑癸	10月	22	未癸	9月	23	寅甲	8月	24	申甲	三初
1月	20	丑癸	12月	21	未癸	11月	22	寅甲	10月	23	申甲	9月	24	卯乙	8月	25	酉乙	四初
1月	21	寅甲	12月	22	申甲	11月	23	卯乙	10月	24	酉乙	9月	25	辰丙	8月	26	戌丙	五初
1月	22	卯乙	12月	23	酉乙	11月	24	辰丙	10月	25	戌丙	9月	26	巳丁	8月	27	亥丁	六初
1月	23	辰丙	12月	24	戌丙	11月	25	巳丁	10月	26	亥丁	9月	27	午戊	8月	28	子戊	七初
1月	24	巳丁	12月	25	亥丁	11月	26	午戊	10月	27	子戊	9月	28	未己	8月	29	丑己	八初
1月	25	午戊	12月	26	子戊	11月	27	未己	10月	28	丑己	9月	29	申庚	8月	30	寅庚	九初
1月	26	未己	12月	27	丑己	11月	28	申庚	10月	29	寅庚	9月	30	酉辛	8月	31	卯辛	十初
1月	27	申庚	12月	28	寅庚	11月	29	酉辛	10月	30	卯辛	10月	1	戌壬	9月	1	辰壬	一十
1月	28	酉辛	12月	29	卯辛	11月	30	戌壬	10月	31	辰壬	10月	2	亥癸	9月	2	巳癸	二十
1月	29	戌壬	12月	30	辰壬	12月	1	亥癸	11月	1	巳癸	10月	3	子甲	9月	3	午甲	三十
1月	30	亥癸	12月	31	巳癸	12月	2	子甲	11月	2	午甲	10月	4	丑乙	9月	4	未乙	四十
1月	31	子甲	1月	1	午甲	12月	3	丑乙	11月	3	未乙	10月	5	寅丙	9月	5	申丙	五十
2月	1	丑乙	1月	2	未乙	12月	4	寅丙	11月	4	申丙	10月	6	卯丁	9月	6	酉丁	六十
2月	2	寅丙	1月	3	申丙	12月	5	卯丁	11月	5	酉丁	10月	7	辰戊	9月	7	戌戊	七十
2月	3	卯丁	1月	4	酉丁	12月	6	辰戊	11月	6	戌戊	10月	8	巳己	9月	8	亥己	八十
2月	4	辰戊	1月	5	戌戊	12月	7	巳己	11月	7	亥己	10月	9	午庚	9月	9	子庚	九十
2月	5	巳己	1月	6	亥己	12月	8	午庚	11月	8	子庚	10月	10	未辛	9月	10	丑辛	十二
2月	6	午庚	1月	7	子庚	12月	9	未辛	11月	9	丑辛	10月	11	申壬	9月	11	寅壬	一廿
2月	7	未辛	1月	8	丑辛	12月	10	申壬	11月	10	寅壬	10月	12	酉癸	9月	12	卯癸	二廿
2月	8	申壬	1月	9	寅壬	12月	11	酉癸	11月	11	卯癸	10月	13	戌甲	9月	13	辰甲	三廿
2月	9	酉癸	1月	10	卯癸	12月	12	戌甲	11月	12	辰甲	10月	14	亥乙	9月	14	巳乙	四廿
2月	10	戌甲	1月	11	辰甲	12月	13	亥乙	11月	13	巳乙	10月	15	子丙	9月	15	午丙	五廿
2月	11	亥乙	1月	12	巳乙	12月	14	子丙	11月	14	午丙	10月	16	丑丁	9月	16	未丁	六廿
2月	12	子丙	1月	13	午丙	12月	15	丑丁	11月	15	未丁	10月	17	寅戊	9月	17	申戊	七廿
2月	13	丑丁	1月	14	未丁	12月	16	寅戊	11月	16	申戊	10月	18	卯己	9月	18	酉己	八廿
2月	14	寅戊	1月	15	申戊	12月	17	卯己	11月	17	酉己	10月	19	辰庚	9月	19	戌庚	九廿
			1月	16	酉己				11月	18	戌庚				9月	20	亥辛	十三

起月柱

起月柱首先要看節，因為過了節才算是那個月分的開始。

如二〇〇九年一月二十六日，農曆年是年初一，但因為這個日子在小寒以後，立春以前，故算命時仍作戊子年的乙丑月計（即鼠年的農曆十二月）。如不小心或不熟習，便會以為是己丑年的丙寅月了（即牛年的農曆一月，《萬年曆》詳見第三十四及三十七頁）。當我們搞清楚節氣後，起月柱及日柱的方法便會很簡單。

又如二〇〇九年西曆一月三十一日，農曆是正月初六，但立春在西曆二月四日零時四十五分，故在立春日前出生者，仍以鼠年的十二月算。

當我們把《萬年曆》揭回前一年，即二〇〇八年時，便會看見歲次「戊子」。接着，我們把「戊子」排在右面的第一行，然後再看農曆十二月，在十二月下面有「乙丑」二字，乙丑即戊子年的十二月，遂把「乙丑」排在右面的第二行（詳見第三十六至三十七頁）。

起日柱

起好年柱、月柱後，便可以起日柱了。

起日柱並無技巧，只要把出生日的天干、地支寫在從右至左的第三個位置即可。如西曆一月二十六日（年初一）格內有「辛未」二字，那日柱便是「辛未」（詳見第三十四頁）。

又如西曆一月三十一日（農曆一月初六）是「丙子」，則把丙子寫在日柱下便可（詳見第三十四頁）。

例：二〇〇九年西曆一月二十六日（正月初一）

時	日	月	年
×	辛	乙	戊
×	未	丑	子

例：二〇〇九年西曆一月三十一日（農曆一月初六）

時	日	月	年
×	丙	乙	戊
×	子	丑	子

西曆二○○九年　歲次己丑　太歲　姓潘名蓋　屬牛

節氣

節氣	農曆	西曆	時刻
立春	正月初十	2月4日	0時45分（子時）
雨水	正月廿四	2月18日	20時38分（戌時）
驚蟄	二月初九	3月5日	18時43分（酉時）
春分	二月廿四	3月20日	19時38分（戌時）
清明	三月初九	4月4日	23時44分（夜子時）
穀雨	三月廿五	4月20日	6時54分（卯時）
立夏	四月十一	5月5日	17時11分（酉時）
小滿	四月廿七	5月21日	6時12分（卯時）
芒種	五月十三	6月5日	21時27分（亥時）
夏至	五月廿九	6月21日	14時15分（未時）
小暑	閏五月十五	7月7日	7時50分（辰時）
大暑	六月初二	7月23日	1時15分（丑時）
立秋	六月十七	8月7日	17時40分（酉時）

曆日對照

農曆六月（辛未）西曆	干支	農曆閏五月 西曆	干支	農曆五月（庚午）西曆	干支	農曆四月（己巳）西曆	干支	農曆三月（戊辰）西曆	干支	農曆二月（丁卯）西曆	干支	農曆正月（丙寅）西曆	干支	農曆
7月22	戊辰	6月23	己亥	5月24	己巳	4月25	庚午	3月27	辛未	2月25	辛丑	1月26	辛未	初一
7月23	己巳	6月24	庚子	5月25	庚午	4月26	辛未	3月28	壬申	2月26	壬寅	1月27	壬申	初二
7月24	庚午	6月25	辛丑	5月26	辛未	4月27	壬申	3月29	癸酉	2月27	癸卯	1月28	癸酉	初三
7月25	辛未	6月26	壬寅	5月27	壬申	4月28	癸酉	3月30	甲戌	2月28	甲辰	1月29	甲戌	初四
7月26	壬申	6月27	癸卯	5月28	癸酉	4月29	甲戌	3月31	乙亥	3月1	乙巳	1月30	乙亥	初五
7月27	癸酉	6月28	甲辰	5月29	甲戌	4月30	乙亥	4月1	丙子	3月2	丙午	1月31	丙子	初六
7月28	甲戌	6月29	乙巳	5月30	乙亥	5月1	丙子	4月2	丁丑	3月3	丁未	2月1	丁丑	初七
7月29	乙亥	6月30	丙午	5月31	丙子	5月2	丁丑	4月3	戊寅	3月4	戊申	2月2	戊寅	初八
7月30	丙子	7月1	丁未	6月1	丁丑	5月3	戊寅	4月4	己卯	3月5	己酉	2月3	己卯	初九
7月31	丁丑	7月2	戊申	6月2	戊寅	5月4	己卯	4月5	庚辰	3月6	庚戌	2月4	庚辰	初十
8月1	戊寅	7月3	己酉	6月3	己卯	5月5	庚辰	4月6	辛巳	3月7	辛亥	2月5	辛巳	十一
8月2	己卯	7月4	庚戌	6月4	庚辰	5月6	辛巳	4月7	壬午	3月8	壬子	2月6	壬午	十二
8月3	庚辰	7月5	辛亥	6月5	辛巳	5月7	壬午	4月8	癸未	3月9	癸丑	2月7	癸未	十三
8月4	辛巳	7月6	壬子	6月6	壬午	5月8	癸未	4月9	甲申	3月10	甲寅	2月8	甲申	十四
8月5	壬午	7月7	癸丑	6月7	癸未	5月9	甲申	4月10	乙酉	3月11	乙卯	2月9	乙酉	十五
8月6	癸未	7月8	甲寅	6月8	甲申	5月10	乙酉	4月11	丙戌	3月12	丙辰	2月10	丙戌	十六
8月7	甲申	7月9	乙卯	6月9	乙酉	5月11	丙戌	4月12	丁亥	3月13	丁巳	2月11	丁亥	十七
8月8	乙酉	7月10	丙辰	6月10	丙戌	5月12	丁亥	4月13	戊子	3月14	戊午	2月12	戊子	十八
8月9	丙戌	7月11	丁巳	6月11	丁亥	5月13	戊子	4月14	己丑	3月15	己未	2月13	己丑	十九
8月10	丁亥	7月12	戊午	6月12	戊子	5月14	己丑	4月15	庚寅	3月16	庚申	2月14	庚寅	二十
8月11	戊子	7月13	己未	6月13	己丑	5月15	庚寅	4月16	辛卯	3月17	辛酉	2月15	辛卯	廿一
8月12	己丑	7月14	庚申	6月14	庚寅	5月16	辛卯	4月17	壬辰	3月18	壬戌	2月16	壬辰	廿二
8月13	庚寅	7月15	辛酉	6月15	辛卯	5月17	壬辰	4月18	癸巳	3月19	癸亥	2月17	癸巳	廿三
8月14	辛卯	7月16	壬戌	6月16	壬辰	5月18	癸巳	4月19	甲午	3月20	甲子	2月18	甲午	廿四
8月15	壬辰	7月17	癸亥	6月17	癸巳	5月19	甲午	4月20	乙未	3月21	乙丑	2月19	乙未	廿五
8月16	癸巳	7月18	甲子	6月18	甲午	5月20	乙未	4月21	丙申	3月22	丙寅	2月20	丙申	廿六
8月17	甲午	7月19	乙丑	6月19	乙未	5月21	丙申	4月22	丁酉	3月23	丁卯	2月21	丁酉	廿七
8月18	乙未	7月20	丙寅	6月20	丙申	5月22	丁酉	4月23	戊戌	3月24	戊辰	2月22	戊戌	廿八
8月19	丙申	7月21	丁卯	6月21	丁酉	5月23	戊戌	4月24	己亥	3月25	己巳	2月23	己亥	廿九
				6月22	戊戌					3月26	庚午	2月24	庚子	三十

月二十曆農			月一十曆農			月十曆農			月九曆農			月八曆農			月七曆農			別月
丑丁			子丙			亥乙			戌甲			酉癸			申壬			支干
春立		寒大	寒小		至冬	雪大		雪小	冬立		降霜	露寒		分秋	露白		暑處	節氣
6時42分 廿一卯時		12時19分 初六午時	18時54分 廿一酉時		1時37分 初七丑時	7時43分 廿一辰時		12時27分 初六午時	14時57分 廿一未時		14時50分 初六未時	11時51分 二十午時		5時41分 初五卯時	20時21分 十九戌時		8時15分 初四辰時	
曆西		支干	曆西		支干	曆西		支干	曆西		支干	曆西		支干	曆西		支干	曆農
1月	15	丑乙	12月	16	未乙	11月	17	寅丙	10月	18	申丙	9月	19	卯丁	8月	20	酉丁	一初
1月	16	寅丙	12月	17	申丙	11月	18	卯丁	10月	19	酉丁	9月	20	辰戊	8月	21	戌戊	二初
1月	17	卯丁	12月	18	酉丁	11月	19	辰戊	10月	20	戌戊	9月	21	巳己	8月	22	亥己	三初
1月	18	辰戊	12月	19	戌戊	11月	20	巳己	10月	21	亥己	9月	22	午庚	8月	23	子庚	四初
1月	19	巳己	12月	20	亥己	11月	21	午庚	10月	22	子庚	9月	23	未辛	8月	24	丑辛	五初
1月	20	午庚	12月	21	子庚	11月	22	未辛	10月	23	丑辛	9月	24	申壬	8月	25	寅壬	六初
1月	21	未辛	12月	22	丑辛	11月	23	申壬	10月	24	寅壬	9月	25	酉癸	8月	26	卯癸	七初
1月	22	申壬	12月	23	寅壬	11月	24	酉癸	10月	25	卯癸	9月	26	戌甲	8月	27	辰甲	八初
1月	23	酉癸	12月	24	卯癸	11月	25	戌甲	10月	26	辰甲	9月	27	亥乙	8月	28	巳乙	九初
1月	24	戌甲	12月	25	辰甲	11月	26	亥乙	10月	27	巳乙	9月	28	子丙	8月	29	午丙	十初
1月	25	亥乙	12月	26	巳乙	11月	27	子丙	10月	28	午丙	9月	29	丑丁	8月	30	未丁	一十
1月	26	子丙	12月	27	午丙	11月	28	丑丁	10月	29	未丁	9月	30	寅戊	8月	31	申戊	二十
1月	27	丑丁	12月	28	未丁	11月	29	寅戊	10月	30	申戊	10月	1	卯己	9月	1	酉己	三十
1月	28	寅戊	12月	29	申戊	11月	30	卯己	10月	31	酉己	10月	2	辰庚	9月	2	戌庚	四十
1月	29	卯己	12月	30	酉己	12月	1	辰庚	11月	1	戌庚	10月	3	巳辛	9月	3	亥辛	五十
1月	30	辰庚	12月	31	戌庚	12月	2	巳辛	11月	2	亥辛	10月	4	午壬	9月	4	子壬	六十
1月	31	巳辛	1月	1	亥辛	12月	3	午壬	11月	3	子壬	10月	5	未癸	9月	5	丑癸	七十
2月	1	午壬	1月	2	子壬	12月	4	未癸	11月	4	丑癸	10月	6	申甲	9月	6	寅甲	八十
2月	2	未癸	1月	3	丑癸	12月	5	申甲	11月	5	寅甲	10月	7	酉乙	9月	7	卯乙	九十
2月	3	申甲	1月	4	寅甲	12月	6	酉乙	11月	6	卯乙	10月	8	戌丙	9月	8	辰丙	十二
2月	4	酉乙	1月	5	卯乙	12月	7	戌丙	11月	7	辰丙	10月	9	亥丁	9月	9	巳丁	一廿
2月	5	戌丙	1月	6	辰丙	12月	8	亥丁	11月	8	巳丁	10月	10	子戊	9月	10	午戊	二廿
2月	6	亥丁	1月	7	巳丁	12月	9	子戊	11月	9	午戊	10月	11	丑己	9月	11	未己	三廿
2月	7	子戊	1月	8	午戊	12月	10	丑己	11月	10	未己	10月	12	寅庚	9月	12	申庚	四廿
2月	8	丑己	1月	9	未己	12月	11	寅庚	11月	11	申庚	10月	13	卯辛	9月	13	酉辛	五廿
2月	9	寅庚	1月	10	申庚	12月	12	卯辛	11月	12	酉辛	10月	14	辰壬	9月	14	戌壬	六廿
2月	10	卯辛	1月	11	酉辛	12月	13	辰壬	11月	13	戌壬	10月	15	巳癸	9月	15	亥癸	七廿
2月	11	辰壬	1月	12	戌壬	12月	14	巳癸	11月	14	亥癸	10月	16	午甲	9月	16	子甲	八廿
2月	12	巳癸	1月	13	亥癸	12月	15	午甲	11月	15	子甲	10月	17	未乙	9月	17	丑乙	九廿
2月	13	午甲	1月	14	子甲				11月	16	丑乙				9月	18	寅丙	十三

西曆二〇〇八年

歲次戊子

太歲 姓郢名班

屬鼠

月六曆農			月五曆農			月四曆農			月三曆農			月二曆農			月正曆農			別月
未己			午戊			巳丁			辰丙			卯乙			寅甲			支干
暑大		暑小	至夏		種芒	滿小		夏立	雨穀			明清		分春	蟄驚		水雨	節氣
19時27分 二十戌時		2時2分 初五丑時	8時27分 十八辰時		15時39分 初二申時	0時24分 十七子時		11時23分 初一午時	1時6分 十五丑時			17時56分 廿八酉時		13時53分 十三未時	12時58分 廿八午時		14時53分 十三未時	
曆西		支干	曆西		支干	曆西		支干	曆西		支干	曆西		支干	曆西		支干	曆農
7月	3	辰甲	6月	4	亥乙	5月	5	巳乙	4月	6	子丙	3月	8	未丁	2月	7	丑丁	一初
7月	4	巳乙	6月	5	子丙	5月	6	午丙	4月	7	丑丁	3月	9	申戊	2月	8	寅戊	二初
7月	5	午丙	6月	6	丑丁	5月	7	未丁	4月	8	寅戊	3月	10	酉己	2月	9	卯己	三初
7月	6	未丁	6月	7	寅戊	5月	8	申戊	4月	9	卯己	3月	11	戌庚	2月	10	辰庚	四初
7月	7	申戊	6月	8	卯己	5月	9	酉己	4月	10	辰庚	3月	12	亥辛	2月	11	巳辛	五初
7月	8	酉己	6月	9	辰庚	5月	10	戌庚	4月	11	巳辛	3月	13	子壬	2月	12	午壬	六初
7月	9	戌庚	6月	10	巳辛	5月	11	亥辛	4月	12	午壬	3月	14	丑癸	2月	13	未癸	七初
7月	10	亥辛	6月	11	午壬	5月	12	子壬	4月	13	未癸	3月	15	寅甲	2月	14	申甲	八初
7月	11	子壬	6月	12	未癸	5月	13	丑癸	4月	14	申甲	3月	16	卯乙	2月	15	酉乙	九初
7月	12	丑癸	6月	13	申甲	5月	14	寅甲	4月	15	酉乙	3月	17	辰丙	2月	16	戌丙	十初
7月	13	寅甲	6月	14	酉乙	5月	15	卯乙	4月	16	戌丙	3月	18	巳丁	2月	17	亥丁	一十
7月	14	卯乙	6月	15	戌丙	5月	16	辰丙	4月	17	亥丁	3月	19	午戊	2月	18	子戊	二十
7月	15	辰丙	6月	16	亥丁	5月	17	巳丁	4月	18	子戊	3月	20	未己	2月	19	丑己	三十
7月	16	巳丁	6月	17	子戊	5月	18	午戊	4月	19	丑己	3月	21	申庚	2月	20	寅庚	四十
7月	17	午戊	6月	18	丑己	5月	19	未己	4月	20	寅庚	3月	22	酉辛	2月	21	卯辛	五十
7月	18	未己	6月	19	寅庚	5月	20	申庚	4月	21	卯辛	3月	23	戌壬	2月	22	辰壬	六十
7月	19	申庚	6月	20	卯辛	5月	21	酉辛	4月	22	辰壬	3月	24	亥癸	2月	23	巳癸	七十
7月	20	酉辛	6月	21	辰壬	5月	22	戌壬	4月	23	巳癸	3月	25	子甲	2月	24	午甲	八十
7月	21	戌壬	6月	22	巳癸	5月	23	亥癸	4月	24	午甲	3月	26	丑乙	2月	25	未乙	九十
7月	22	亥癸	6月	23	午甲	5月	24	子甲	4月	25	未乙	3月	27	寅丙	2月	26	申丙	十二
7月	23	子甲	6月	24	未乙	5月	25	丑乙	4月	26	申丙	3月	28	卯丁	2月	27	酉丁	一廿
7月	24	丑乙	6月	25	申丙	5月	26	寅丙	4月	27	酉丁	3月	29	辰戊	2月	28	戌戊	二廿
7月	25	寅丙	6月	26	酉丁	5月	27	卯丁	4月	28	戌戊	3月	30	巳己	2月	29	亥己	三廿
7月	26	卯丁	6月	27	戌戊	5月	28	辰戊	4月	29	亥己	3月	31	午庚	3月	1	子庚	四廿
7月	27	辰戊	6月	28	亥己	5月	29	巳己	4月	30	子庚	4月	1	未辛	3月	2	丑辛	五廿
7月	28	巳己	6月	29	子庚	5月	30	午庚	5月	1	丑辛	4月	2	申壬	3月	3	寅壬	六廿
7月	29	午庚	6月	30	丑辛	5月	31	未辛	5月	2	寅壬	4月	3	酉癸	3月	4	卯癸	七廿
7月	30	未辛	7月	1	寅壬	6月	1	申壬	5月	3	卯癸	4月	4	戌甲	3月	5	辰甲	八廿
7月	31	申壬	7月	2	卯癸	6月	2	酉癸	5月	4	辰甲	4月	5	亥乙	3月	6	巳乙	九廿
						6月	3	戌甲							3月	7	午丙	十三

月二十曆農			月一十曆農			月十曆農			月九曆農			月八曆農			月七曆農			別月
丑乙			子甲			亥癸			戌壬			酉辛			申庚			支干
寒大		寒小	至冬		雪大	雪小		冬立	降霜		露寒	分秋		露白	暑處		秋立	節氣
6時24分 廿五卯時		13時4分 初十未時	19時54分 廿四戌時		2時0分 初十丑時	6時44分 廿五卯時		9時14分 初十巳時	9時7分 廿五巳時		6時8分 初十卯時	23時58分 廿三夜子		14時38分 初八未時	2時28分 廿三丑時		11時53分 初七午時	
曆西		支干	曆西		支干	曆西		支干	曆西		支干	曆西		支干	曆西		支干	曆農
12月	27	丑辛	11月	28	申壬	10月	29	寅壬	9月	29	申壬	8月	31	卯癸	8月	1	酉癸	一初
12月	28	寅壬	11月	29	酉癸	10月	30	卯癸	9月	30	酉癸	9月	1	辰甲	8月	2	戌甲	二初
12月	29	卯癸	11月	30	戌甲	10月	31	辰甲	10月	1	戌甲	9月	2	巳乙	8月	3	亥乙	三初
12月	30	辰甲	12月	1	亥乙	11月	1	巳乙	10月	2	亥乙	9月	3	午丙	8月	4	子丙	四初
12月	31	巳乙	12月	2	子丙	11月	2	午丙	10月	3	子丙	9月	4	未丁	8月	5	丑丁	五初
1月	1	午丙	12月	3	丑丁	11月	3	未丁	10月	4	丑丁	9月	5	申戊	8月	6	寅戊	六初
1月	2	未丁	12月	4	寅戊	11月	4	申戊	10月	5	寅戊	9月	6	酉己	8月	7	卯己	七初
1月	3	申戊	12月	5	卯己	11月	5	酉己	10月	6	卯己	9月	7	戌庚	8月	8	辰庚	八初
1月	4	酉己	12月	6	辰庚	11月	6	戌庚	10月	7	辰庚	9月	8	亥辛	8月	9	巳辛	九初
1月	5	戌庚	12月	7	巳辛	11月	7	亥辛	10月	8	巳辛	9月	9	子壬	8月	10	午壬	十初
1月	6	亥辛	12月	8	午壬	11月	8	子壬	10月	9	午壬	9月	10	丑癸	8月	11	未癸	一十
1月	7	子壬	12月	9	未癸	11月	9	丑癸	10月	10	未癸	9月	11	寅甲	8月	12	申甲	二十
1月	8	丑癸	12月	10	申甲	11月	10	寅甲	10月	11	申甲	9月	12	卯乙	8月	13	酉乙	三十
1月	9	寅甲	12月	11	酉乙	11月	11	卯乙	10月	12	酉乙	9月	13	辰丙	8月	14	戌丙	四十
1月	10	卯乙	12月	12	戌丙	11月	12	辰丙	10月	13	戌丙	9月	14	巳丁	8月	15	亥丁	五十
1月	11	辰丙	12月	13	亥丁	11月	13	巳丁	10月	14	亥丁	9月	15	午戊	8月	16	子戊	六十
1月	12	巳丁	12月	14	子戊	11月	14	午戊	10月	15	子戊	9月	16	未己	8月	17	丑己	七十
1月	13	午戊	12月	15	丑己	11月	15	未己	10月	16	丑己	9月	17	申庚	8月	18	寅庚	八十
1月	14	未己	12月	16	寅庚	11月	16	申庚	10月	17	寅庚	9月	18	酉辛	8月	19	卯辛	九十
1月	15	申庚	12月	17	卯辛	11月	17	酉辛	10月	18	卯辛	9月	19	戌壬	8月	20	辰壬	十二
1月	16	酉辛	12月	18	辰壬	11月	18	戌壬	10月	19	辰壬	9月	20	亥癸	8月	21	巳癸	一廿
1月	17	戌壬	12月	19	巳癸	11月	19	亥癸	10月	20	巳癸	9月	21	子甲	8月	22	午甲	二廿
1月	18	亥癸	12月	20	午甲	11月	20	子甲	10月	21	午甲	9月	22	丑乙	8月	23	未乙	三廿
1月	19	子甲	12月	21	未乙	11月	21	丑乙	10月	22	未乙	9月	23	寅丙	8月	24	申丙	四廿
1月	20	丑乙	12月	22	申丙	11月	22	寅丙	10月	23	申丙	9月	24	卯丁	8月	25	酉丁	五廿
1月	21	寅丙	12月	23	酉丁	11月	23	卯丁	10月	24	酉丁	9月	25	辰戊	8月	26	戌戊	六廿
1月	22	卯丁	12月	24	戌戊	11月	24	辰戊	10月	25	戌戊	9月	26	巳己	8月	27	亥己	七廿
1月	23	辰戊	12月	25	亥己	11月	25	巳己	10月	26	亥己	9月	27	午庚	8月	28	子庚	八廿
1月	24	巳己	12月	26	子庚	11月	26	午庚	10月	27	子庚	9月	28	未辛	8月	29	丑辛	九廿
1月	25	午庚				11月	27	未辛	10月	28	丑辛				8月	30	寅壬	十三

但如出生在立春以後，年柱與月柱便會同時轉變。如出生於二〇〇九年西曆二月五日（農曆正月十一），由於西曆二月四日凌晨零時四十五分經已立春，故二月五日出世就應該是「己丑」年的一月了。這樣，我們便要在年柱下寫上「己丑」（詳見第四十頁）。

又己丑年農曆正月那一欄下面寫着「丙寅」二字，即是己丑年的正月是「丙寅」月，故把「丙寅」二字寫在月柱下。

而西曆二月五日格內寫着「辛巳」，則只要把「辛巳」兩字寫在日柱下，我們就得出年柱、月柱與日柱了（詳見第四十二頁）。

例如：二〇〇九年西曆二月五日（農曆正月十一日）

年	月	日	時
己丑	丙寅	辛巳	××

不僅看換年時如此，就是換月柱時也一樣。

例如二〇〇九年西曆四月四日（農曆三月初九）23時44分為清明節之開始，故在這日前出世仍作農曆二月出世論，月柱需寫上「丁卯」。只有在清明節之後出世，月柱才會寫上「戊辰」，這是初學算命者常會弄錯的（詳見第四十二頁）。

例如：二〇〇九年西曆五月三日（農曆四月初九）

二〇〇九年歲次「己丑」，我們首先在年柱下寫上「己丑」。而西曆五月三日格內寫着「戊申」，我們便可先在日柱下寫上「戊申」（詳見第四十四頁）。

年	月	日	時
己丑	××	戊申	××

月柱方面，我們首先要觀看節。西曆五月三日在清明節以後，立夏節以前，雖然農曆是四月初九，但因未過立夏，故月柱應該填上農曆三月下的「戊辰」二字。

年	月	日	時
己丑	戊辰	戊申	××

西曆二〇〇九年

歲次己丑

太歲 姓潘名蓋

屬牛

月別	農曆正月		農曆二月		農曆三月		農曆四月		農曆五月		農曆閏五月		農曆六月	
干支	丙寅		丁卯		戊辰		己巳		庚午				辛未	
節氣	立春 初十 0時45分 子時	雨水 廿四 20時38分 戌時	驚蟄 初九 18時43分 酉時	春分 廿四 19時38分 戌時	清明 初九 23時44分 夜子	穀雨 廿五 6時54分 卯時	立夏 十一 17時11分 酉時	小滿 廿七 6時12分 卯時	芒種 十三 21時27分 亥時	夏至 廿九 14時15分 未時	小暑 十五 7時50分 辰時		大暑 初二 1時15分 丑時	立秋 十七 7時[illegible]0分 酉時
農曆	西曆	干支	西曆	干支	西曆	干支	西曆	干支	西曆	干支	西曆	干支	西曆	干支
初一	1月26	辛未	2月25	辛丑	3月27	辛未	4月25	庚子	5月24	己巳	6月23	己亥	月22	戊辰
初二	1月27	壬申	2月26	壬寅	3月28	壬申	4月26	辛丑	5月25	庚午	6月24	庚子	月23	己巳
初三	1月28	癸酉	2月27	癸卯	3月29	癸酉	4月27	壬寅	5月26	辛未	6月25	辛丑	月24	庚午
初四	1月29	甲戌	2月28	甲辰	3月30	甲戌	4月28	癸卯	5月27	壬申	6月26	壬寅	月25	辛未
初五	1月30	乙亥	3月1	乙巳	3月31	乙亥	4月29	甲辰	5月28	癸酉	6月27	癸卯	月26	壬申
初六	1月31	丙子	3月2	丙午	4月1	丙子	4月30	乙巳	5月29	甲戌	6月28	甲辰	月27	癸酉
初七	2月1	丁丑	3月3	丁未	4月2	丁丑	5月1	丙午	5月30	乙亥	6月29	乙巳	月28	甲戌
初八	2月2	戊寅	3月4	戊申	4月3	戊寅	5月2	丁未	5月31	丙子	6月30	丙午	月29	乙亥
初九	2月3	己卯	3月5	己酉	4月4	己卯	5月3	戊申	6月1	丁丑	7月1	丁未	月30	丙子
初十	2月4	庚辰	3月6	庚戌	4月5	庚辰	5月4	己酉	6月2	戊寅	7月2	戊申	月31	丁丑
十一	2月5	辛巳	3月7	辛亥	4月6	辛巳	5月5	庚戌	6月3	己卯	7月3	己酉	月1	戊寅
十二	2月6	壬午	3月8	壬子	4月7	壬午	5月6	辛亥	6月4	庚辰	7月4	庚戌	月2	己卯
十三	2月7	癸未	3月9	癸丑	4月8	癸未	5月7	壬子	6月5	辛巳	7月5	辛亥	月3	庚辰
十四	2月8	甲申	3月10	甲寅	4月9	甲申	5月8	癸丑	6月6	壬午	7月6	壬子	月4	辛巳
十五	2月9	乙酉	3月11	乙卯	4月10	乙酉	5月9	甲寅	6月7	癸未	7月7	癸丑	月5	壬午
十六	2月10	丙戌	3月12	丙辰	4月11	丙戌	5月10	乙卯	6月8	甲申	7月8	甲寅	月6	癸未
十七	2月11	丁亥	3月13	丁巳	4月12	丁亥	5月11	丙辰	6月9	乙酉	7月9	乙卯	月7	甲申
十八	2月12	戊子	3月14	戊午	4月13	戊子	5月12	丁巳	6月10	丙戌	7月10	丙辰	月8	乙酉
十九	2月13	己丑	3月15	己未	4月14	己丑	5月13	戊午	6月11	丁亥	7月11	丁巳	月9	丙戌
二十	2月14	庚寅	3月16	庚申	4月15	庚寅	5月14	己未	6月12	戊子	7月12	戊午	月10	丁亥
廿一	2月15	辛卯	3月17	辛酉	4月16	辛卯	5月15	庚申	6月13	己丑	7月13	己未	月11	戊子
廿二	2月16	壬辰	3月18	壬戌	4月17	壬辰	5月16	辛酉	6月14	庚寅	7月14	庚申	月12	己丑
廿三	2月17	癸巳	3月19	癸亥	4月18	癸巳	5月17	壬戌	6月15	辛卯	7月15	辛酉	月13	庚寅
廿四	2月18	甲午	3月20	甲子	4月19	甲午	5月18	癸亥	6月16	壬辰	7月16	壬戌	月14	辛卯
廿五	2月19	乙未	3月21	乙丑	4月20	乙未	5月19	甲子	6月17	癸巳	7月17	癸亥	月15	壬辰
廿六	2月20	丙申	3月22	丙寅	4月21	丙申	5月20	乙丑	6月18	甲午	7月18	甲子	月16	癸巳
廿七	2月21	丁酉	3月23	丁卯	4月22	丁酉	5月21	丙寅	6月19	乙未	7月19	乙丑	月17	甲午
廿八	2月22	戊戌	3月24	戊辰	4月23	戊戌	5月22	丁卯	6月20	丙申	7月20	丙寅	月18	乙未
廿九	2月23	己亥	3月25	己巳	4月24	己亥	5月23	戊辰	6月21	丁酉	7月21	丁卯	月19	丙申
三十	2月24	庚子	3月26	庚午					6月22	戊戌				

月二十曆農		月一十曆農		月十曆農		月九曆農		月八曆農		月七曆農		別月
丑丁		子丙		亥乙		戌甲		酉癸		申壬		支干
春立	寒大	寒小	至冬	雪大	雪小	冬立	降霜	露寒	分秋	露白	暑處	節氣
6時42分 廿一卯時	12時19分 初六午時	18時54分 廿一酉時	1時37分 初七丑時	7時43分 廿一辰時	12時27分 初六午時	14時57分 廿一未時	14時50分 初六未時	11時51分 二十午時	5時41分 初五卯時	20時21分 十九戌時	8時15分 初四辰時	
曆西	支干	曆西	支干	曆西	支干	曆西	支干	曆西	支干	曆西	支干	曆農
1月 15	丑乙	12月 16	未乙	11月 17	寅丙	10月 18	申丙	9月 19	卯丁	8月 20	酉丁	一初
1月 16	寅丙	12月 17	申丙	11月 18	卯丁	10月 19	酉丁	9月 20	辰戊	8月 21	戌戊	二初
1月 17	卯丁	12月 18	酉丁	11月 19	辰戊	10月 20	戌戊	9月 21	巳己	8月 22	亥己	三初
1月 18	辰戊	12月 19	戌戊	11月 20	巳己	10月 21	亥己	9月 22	午庚	8月 23	子庚	四初
1月 19	巳己	12月 20	亥己	11月 21	午庚	10月 22	子庚	9月 23	未辛	8月 24	丑辛	五初
1月 20	午庚	12月 21	子庚	11月 22	未辛	10月 23	丑辛	9月 24	申壬	8月 25	寅壬	六初
1月 21	未辛	12月 22	丑辛	11月 23	申壬	10月 24	寅壬	9月 25	酉癸	8月 26	卯癸	七初
1月 22	申壬	12月 23	寅壬	11月 24	酉癸	10月 25	卯癸	9月 26	戌甲	8月 27	辰甲	八初
1月 23	酉癸	12月 24	卯癸	11月 25	戌甲	10月 26	辰甲	9月 27	亥乙	8月 28	巳乙	九初
1月 24	戌甲	12月 25	辰甲	11月 26	亥乙	10月 27	巳乙	9月 28	子丙	8月 29	午丙	十初
1月 25	亥乙	12月 26	巳乙	11月 27	子丙	10月 28	午丙	9月 29	丑丁	8月 30	未丁	一十
1月 26	子丙	12月 27	午丙	11月 28	丑丁	10月 29	未丁	9月 30	寅戊	8月 31	申戊	二十
1月 27	丑丁	12月 28	未丁	11月 29	寅戊	10月 30	申戊	10月 1	卯己	9月 1	酉己	三十
1月 28	寅戊	12月 29	申戊	11月 30	卯己	10月 31	酉己	10月 2	辰庚	9月 2	戌庚	四十
1月 29	卯己	12月 30	酉己	12月 1	辰庚	11月 1	戌庚	10月 3	巳辛	9月 3	亥辛	五十
1月 30	辰庚	12月 31	戌庚	12月 2	巳辛	11月 2	亥辛	10月 4	午壬	9月 4	子壬	六十
1月 31	巳辛	1月 1	亥辛	12月 3	午壬	11月 3	子壬	10月 5	未癸	9月 5	丑癸	七十
2月 1	午壬	1月 2	子壬	12月 4	未癸	11月 4	丑癸	10月 6	申甲	9月 6	寅甲	八十
2月 2	未癸	1月 3	丑癸	12月 5	申甲	11月 5	寅甲	10月 7	酉乙	9月 7	卯乙	九十
2月 3	申甲	1月 4	寅甲	12月 6	酉乙	11月 6	卯乙	10月 8	戌丙	9月 8	辰丙	十二
2月 4	酉乙	1月 5	卯乙	12月 7	戌丙	11月 7	辰丙	10月 9	亥丁	9月 9	巳丁	一廿
2月 5	戌丙	1月 6	辰丙	12月 8	亥丁	11月 8	巳丁	10月 10	子戊	9月 10	午戊	二廿
2月 6	亥丁	1月 7	巳丁	12月 9	子戊	11月 9	午戊	10月 11	丑己	9月 11	未己	三廿
2月 7	子戊	1月 8	午戊	12月 10	丑己	11月 10	未己	10月 12	寅庚	9月 12	申庚	四廿
2月 8	丑己	1月 9	未己	12月 11	寅庚	11月 11	申庚	10月 13	卯辛	9月 13	酉辛	五廿
2月 9	寅庚	1月 10	申庚	12月 12	卯辛	11月 12	酉辛	10月 14	辰壬	9月 14	戌壬	六廿
2月 10	卯辛	1月 11	酉辛	12月 13	辰壬	11月 13	戌壬	10月 15	巳癸	9月 15	亥癸	七廿
2月 11	辰壬	1月 12	戌壬	12月 14	巳癸	11月 14	亥癸	10月 16	午甲	9月 16	子甲	八廿
2月 12	巳癸	1月 13	亥癸	12月 15	午甲	11月 15	子甲	10月 17	未乙	9月 17	丑乙	九廿
2月 13	午甲	1月 14	子甲			11月 16	丑乙			9月 18	寅丙	十三

西曆二〇〇九年

歲次己丑

太歲 姓潘名蓋

屬牛

月六曆農		月五閏曆農		月五曆農		月四曆農		月三曆農		月二曆農		月正曆農		別月
未辛				午庚		巳己		辰戊		卯丁		寅丙		支干
秋立	暑大	暑小		至夏	種芒	滿小	夏立	雨穀	明清	分春	蟄驚	水雨	春立	節氣
7十 時七 0酉 分時	1初 時二 15丑 分時	7十 時五 50辰 分時		14廿 時九 15未 分時	21十 時三 27亥 分時	6廿 時七 12卯 分時	17十 時一 11酉 分時	6廿 時五 54卯 分時	23初 時九 44夜 分子	19廿 時四 38戌 分時	18初 時九 43酉 分時	20廿 時四 38戌 分時	0初 時十 45子 分時	
曆西	支干	曆西	支干	曆西	支干	曆西	支干	曆西	支干	曆西	支干	曆西	支干	曆農
月22	辰戊	6月23	亥己	5月24	巳己	4月25	子庚	3月27	未辛	2月25	丑辛	1月26	未辛	一初
月23	巳己	6月24	子庚	5月25	午庚	4月26	丑辛	3月28	申壬	2月26	寅壬	1月27	申壬	二初
月24	午庚	6月25	丑辛	5月26	未辛	4月27	寅壬	3月29	酉癸	2月27	卯癸	1月28	酉癸	三初
月25	未辛	6月26	寅壬	5月27	申壬	4月28	卯癸	3月30	戌甲	2月28	辰甲	1月29	戌甲	四初
月26	申壬	6月27	卯癸	5月28	酉癸	4月29	辰甲	3月31	亥乙	3月1	巳乙	1月30	亥乙	五初
月27	酉癸	6月28	辰甲	5月29	戌甲	4月30	巳乙	4月1	子丙	3月2	午丙	1月31	子丙	六初
月28	戌甲	6月29	巳乙	5月30	亥乙	5月1	午丙	4月2	丑丁	3月3	未丁	2月1	丑丁	七初
月29	亥乙	6月30	午丙	5月31	子丙	5月2	未丁	4月3	寅戊	3月4	申戊	2月2	寅戊	八初
月30	子丙	7月1	未丁	6月1	丑丁	5月3	申戊	4月4	卯己	3月5	酉己	2月3	卯己	九初
月31	丑丁	7月2	申戊	6月2	寅戊	5月4	酉己	4月5	辰庚	3月6	戌庚	2月4	辰庚	十初
月1	寅戊	7月3	酉己	6月3	卯己	5月5	戌庚	4月6	巳辛	3月7	亥辛	2月5	巳辛	一十
月2	卯己	7月4	戌庚	6月4	辰庚	5月6	亥辛	4月7	午壬	3月8	子壬	2月6	午壬	二十
月3	辰庚	7月5	亥辛	6月5	巳辛	5月7	子壬	4月8	未癸	3月9	丑癸	2月7	未癸	三十
月4	巳辛	7月6	子壬	6月6	午壬	5月8	丑癸	4月9	申甲	3月10	寅甲	2月8	申甲	四十
月5	午壬	7月7	丑癸	6月7	未癸	5月9	寅甲	4月10	酉乙	3月11	卯乙	2月9	酉乙	五十
月6	未癸	7月8	寅甲	6月8	申甲	5月10	卯乙	4月11	戌丙	3月12	辰丙	2月10	戌丙	六十
月7	申甲	7月9	卯乙	6月9	酉乙	5月11	辰丙	4月12	亥丁	3月13	巳丁	2月11	亥丁	七十
月8	酉乙	7月10	辰丙	6月10	戌丙	5月12	巳丁	4月13	子戊	3月14	午戊	2月12	子戊	八十
月9	戌丙	7月11	巳丁	6月11	亥丁	5月13	午戊	4月14	丑己	3月15	未己	2月13	丑己	九十
月10	亥丁	7月12	午戊	6月12	子戊	5月14	未己	4月15	寅庚	3月16	申庚	2月14	寅庚	十二
月11	子戊	7月13	未己	6月13	丑己	5月15	申庚	4月16	卯辛	3月17	酉辛	2月15	卯辛	一廿
月12	丑己	7月14	申庚	6月14	寅庚	5月16	酉辛	4月17	辰壬	3月18	戌壬	2月16	辰壬	二廿
月13	寅庚	7月15	酉辛	6月15	卯辛	5月17	戌壬	4月18	巳癸	3月19	亥癸	2月17	巳癸	三廿
月14	卯辛	7月16	戌壬	6月16	辰壬	5月18	亥癸	4月19	午甲	3月20	子甲	2月18	午甲	四廿
月15	辰壬	7月17	亥癸	6月17	巳癸	5月19	子甲	4月20	未乙	3月21	丑乙	2月19	未乙	五廿
月16	巳癸	7月18	子甲	6月18	午甲	5月20	丑乙	4月21	申丙	3月22	寅丙	2月20	申丙	六廿
月17	午甲	7月19	丑乙	6月19	未乙	5月21	寅丙	4月22	酉丁	3月23	卯丁	2月21	酉丁	七廿
月18	未乙	7月20	寅丙	6月20	申丙	5月22	卯丁	4月23	戌戊	3月24	辰戊	2月22	戌戊	八廿
月19	申丙	7月21	卯丁	6月21	酉丁	5月23	辰戊	4月24	亥己	3月25	巳己	2月23	亥己	九廿
				6月22	戌戊					3月26	午庚	2月24	子庚	十三

月二十曆農			月一十曆農			月十曆農			月九曆農			月八曆農			月七曆農			別月
丑丁			子丙			亥乙			戌甲			酉癸			申壬			支干
春立		寒大	寒小		至冬	雪大		雪小	冬立		降霜	露寒		分秋	露白		暑處	節氣
6時42分 廿一卯時		12時19分 初六午時	18時54分 廿一酉時		1時37分 初七丑時	7時43分 廿一辰時		12時27分 初六午時	14時57分 廿一未時		14時50分 初六未時	11時51分 二十午時		5時41分 初五卯時	20時21分 十九戌時		8時15分 初四辰時	
曆西		支干	曆西		支干	曆西		支干	曆西		支干	曆西		支干	曆西		支干	曆農
1月	15	丑乙	12月	16	未乙	11月	17	寅丙	10月	18	申丙	9月	19	卯丁	8月	20	酉丁	一初
1月	16	寅丙	12月	17	申丙	11月	18	卯丁	10月	19	酉丁	9月	20	辰戊	8月	21	戌戊	二初
1月	17	卯丁	12月	18	酉丁	11月	19	辰戊	10月	20	戌戊	9月	21	巳己	8月	22	亥己	三初
1月	18	辰戊	12月	19	戌戊	11月	20	巳己	10月	21	亥己	9月	22	午庚	8月	23	子庚	四初
1月	19	巳己	12月	20	亥己	11月	21	午庚	10月	22	子庚	9月	23	未辛	8月	24	丑辛	五初
1月	20	午庚	12月	21	子庚	11月	22	未辛	10月	23	丑辛	9月	24	申壬	8月	25	寅壬	六初
1月	21	未辛	12月	22	丑辛	11月	23	申壬	10月	24	寅壬	9月	25	酉癸	8月	26	卯癸	七初
1月	22	申壬	12月	23	寅壬	11月	24	酉癸	10月	25	卯癸	9月	26	戌甲	8月	27	辰甲	八初
1月	23	酉癸	12月	24	卯癸	11月	25	戌甲	10月	26	辰甲	9月	27	亥乙	8月	28	巳乙	九初
1月	24	戌甲	12月	25	辰甲	11月	26	亥乙	10月	27	巳乙	9月	28	子丙	8月	29	午丙	十初
1月	25	亥乙	12月	26	巳乙	11月	27	子丙	10月	28	午丙	9月	29	丑丁	8月	30	未丁	一十
1月	26	子丙	12月	27	午丙	11月	28	丑丁	10月	29	未丁	9月	30	寅戊	8月	31	申戊	二十
1月	27	丑丁	12月	28	未丁	11月	29	寅戊	10月	30	申戊	10月	1	卯己	9月	1	酉己	三十
1月	28	寅戊	12月	29	申戊	11月	30	卯己	10月	31	酉己	10月	2	辰庚	9月	2	戌庚	四十
1月	29	卯己	12月	30	酉己	12月	1	辰庚	11月	1	戌庚	10月	3	巳辛	9月	3	亥辛	五十
1月	30	辰庚	12月	31	戌庚	12月	2	巳辛	11月	2	亥辛	10月	4	午壬	9月	4	子壬	六十
1月	31	巳辛	1月	1	亥辛	12月	3	午壬	11月	3	子壬	10月	5	未癸	9月	5	丑癸	七十
2月	1	午壬	1月	2	子壬	12月	4	未癸	11月	4	丑癸	10月	6	申甲	9月	6	寅甲	八十
2月	2	未癸	1月	3	丑癸	12月	5	申甲	11月	5	寅甲	10月	7	酉乙	9月	7	卯乙	九十
2月	3	申甲	1月	4	寅甲	12月	6	酉乙	11月	6	卯乙	10月	8	戌丙	9月	8	辰丙	十二
2月	4	酉乙	1月	5	卯乙	12月	7	戌丙	11月	7	辰丙	10月	9	亥丁	9月	9	巳丁	一廿
2月	5	戌丙	1月	6	辰丙	12月	8	亥丁	11月	8	巳丁	10月	10	子戊	9月	10	午戊	二廿
2月	6	亥丁	1月	7	巳丁	12月	9	子戊	11月	9	午戊	10月	11	丑己	9月	11	未己	三廿
2月	7	子戊	1月	8	午戊	12月	10	丑己	11月	10	未己	10月	12	寅庚	9月	12	申庚	四廿
2月	8	丑己	1月	9	未己	12月	11	寅庚	11月	11	申庚	10月	13	卯辛	9月	13	酉辛	五廿
2月	9	寅庚	1月	10	申庚	12月	12	卯辛	11月	12	酉辛	10月	14	辰壬	9月	14	戌壬	六廿
2月	10	卯辛	1月	11	酉辛	12月	13	辰壬	11月	13	戌壬	10月	15	巳癸	9月	15	亥癸	七廿
2月	11	辰壬	1月	12	戌壬	12月	14	巳癸	11月	14	亥癸	10月	16	午甲	9月	16	子甲	八廿
2月	12	巳癸	1月	13	亥癸	12月	15	午甲	11月	15	子甲	10月	17	未乙	9月	17	丑乙	九廿
2月	13	午甲	1月	14	子甲				11月	16	丑乙				9月	18	寅丙	十三

西曆二○○九年

歲次己丑

太歲 姓潘名蓋 屬牛

月別	農曆正月		農曆二月		農曆三月		農曆四月		農曆五月		農曆閏五月		農曆六月	
干支	丙寅		丁卯		戊辰		己巳		庚午				辛未	
節氣	立春 初十 0時45分 子時	雨水 廿四 20時38分 戌時	驚蟄 初九 18時43分 酉時	春分 廿四 19時38分 戌時	清明 初九 23時44分 夜子	穀雨 廿五 6時54分 卯時	立夏 十一 17時11分 酉時	小滿 廿七 6時12分 卯時	芒種 十三 21時27分 亥時	夏至 廿九 14時15分 未時	小暑 十五 7時50分 辰時		大暑 初二 1時15分 丑時	立秋 十七 17時40分 酉時
農曆	西曆	干支	西曆	干支	西曆	干支	西曆	干支	西曆	干支	西曆	干支	西曆	干支
初一	1月26	辛未	2月25	辛丑	3月27	辛未	4月25	庚子	5月24	己巳	6月23	己亥	7月22	戊辰
初二	1月27	壬申	2月26	壬寅	3月28	壬申	4月26	辛丑	5月25	庚午	6月24	庚子	7月23	己巳
初三	1月28	癸酉	2月27	癸卯	3月29	癸酉	4月27	壬寅	5月26	辛未	6月25	辛丑	7月24	庚午
初四	1月29	甲戌	2月28	甲辰	3月30	甲戌	4月28	癸卯	5月27	壬申	6月26	壬寅	7月25	辛未
初五	1月30	乙亥	3月1	乙巳	3月31	乙亥	4月29	甲辰	5月28	癸酉	6月27	癸卯	7月26	壬申
初六	1月31	丙子	3月2	丙午	4月1	丙子	4月30	乙巳	5月29	甲戌	6月28	甲辰	7月27	癸酉
初七	2月1	丁丑	3月3	丁未	4月2	丁丑	5月1	丙午	5月30	乙亥	6月29	乙巳	7月28	甲戌
初八	2月2	戊寅	3月4	戊申	4月3	戊寅	5月2	丁未	5月31	丙子	6月30	丙午	7月29	乙亥
初九	2月3	己卯	3月5	己酉	4月4	己卯	5月3	戊申	6月1	丁丑	7月1	丁未	7月30	丙子
初十	2月4	庚辰	3月6	庚戌	4月5	庚辰	5月4	己酉	6月2	戊寅	7月2	戊申	7月31	丁丑
十一	2月5	辛巳	3月7	辛亥	4月6	辛巳	5月5	庚戌	6月3	己卯	7月3	己酉	月1	戊寅
十二	2月6	壬午	3月8	壬子	4月7	壬午	5月6	辛亥	6月4	庚辰	7月4	庚戌	月2	己卯
十三	2月7	癸未	3月9	癸丑	4月8	癸未	5月7	壬子	6月5	辛巳	7月5	辛亥	月3	庚辰
十四	2月8	甲申	3月10	甲寅	4月9	甲申	5月8	癸丑	6月6	壬午	7月6	壬子	月4	辛巳
十五	2月9	乙酉	3月11	乙卯	4月10	乙酉	5月9	甲寅	6月7	癸未	7月7	癸丑	月5	壬午
十六	2月10	丙戌	3月12	丙辰	4月11	丙戌	5月10	乙卯	6月8	甲申	7月8	甲寅	月6	癸未
十七	2月11	丁亥	3月13	丁巳	4月12	丁亥	5月11	丙辰	6月9	乙酉	7月9	乙卯	月7	甲申
十八	2月12	戊子	3月14	戊午	4月13	戊子	5月12	丁巳	6月10	丙戌	7月10	丙辰	月8	乙酉
十九	2月13	己丑	3月15	己未	4月14	己丑	5月13	戊午	6月11	丁亥	7月11	丁巳	月9	丙戌
二十	2月14	庚寅	3月16	庚申	4月15	庚寅	5月14	己未	6月12	戊子	7月12	戊午	月10	丁亥
廿一	2月15	辛卯	3月17	辛酉	4月16	辛卯	5月15	庚申	6月13	己丑	7月13	己未	月11	戊子
廿二	2月16	壬辰	3月18	壬戌	4月17	壬辰	5月16	辛酉	6月14	庚寅	7月14	庚申	月12	己丑
廿三	2月17	癸巳	3月19	癸亥	4月18	癸巳	5月17	壬戌	6月15	辛卯	7月15	辛酉	月13	庚寅
廿四	2月18	甲午	3月20	甲子	4月19	甲午	5月18	癸亥	6月16	壬辰	7月16	壬戌	月14	辛卯
廿五	2月19	乙未	3月21	乙丑	4月20	乙未	5月19	甲子	6月17	癸巳	7月17	癸亥	月15	壬辰
廿六	2月20	丙申	3月22	丙寅	4月21	丙申	5月20	乙丑	6月18	甲午	7月18	甲子	月16	癸巳
廿七	2月21	丁酉	3月23	丁卯	4月22	丁酉	5月21	丙寅	6月19	乙未	7月19	乙丑	月17	甲午
廿八	2月22	戊戌	3月24	戊辰	4月23	戊戌	5月22	丁卯	6月20	丙申	7月20	丙寅	月18	乙未
廿九	2月23	己亥	3月25	己巳	4月24	己亥	5月23	戊辰	6月21	丁酉	7月21	丁卯	月19	丙申
三十	2月24	庚子	3月26	庚午					6月22	戊戌				

月二十曆農			月一十曆農			月十曆農			月九曆農			月八曆農			月七曆農			別月
丑丁			子丙			亥乙			戌甲			酉癸			申壬			支干
春立		寒大	寒小		至冬	雪大		雪小	冬立		降霜	露寒		分秋	露白		暑處	節氣
6時42分 廿一卯時		12時19分 初六午時	18時54分 廿一酉時		1時37分 初七丑時	7時43分 廿一辰時		12時27分 初六午時	14時57分 廿一未時		14時50分 初六未時	11時51分 二十午時		5時41分 初五卯時	20時21分 十九戌時		8時15分 初四辰時	
曆西		支干	曆西		支干	曆西		支干	曆西		支干	曆西		支干	曆西		支干	曆農
1月	15	丑乙	12月	16	未乙	11月	17	寅丙	10月	18	申丙	9月	19	卯丁	8月	20	酉丁	一初
1月	16	寅丙	12月	17	申丙	11月	18	卯丁	10月	19	酉丁	9月	20	辰戊	8月	21	戌戊	二初
1月	17	卯丁	12月	18	酉丁	11月	19	辰戊	10月	20	戌戊	9月	21	巳己	8月	22	亥己	三初
1月	18	辰戊	12月	19	戌戊	11月	20	巳己	10月	21	亥己	9月	22	午庚	8月	23	子庚	四初
1月	19	巳己	12月	20	亥己	11月	21	午庚	10月	22	子庚	9月	23	未辛	8月	24	丑辛	五初
1月	20	午庚	12月	21	子庚	11月	22	未辛	10月	23	丑辛	9月	24	申壬	8月	25	寅壬	六初
1月	21	未辛	12月	22	丑辛	11月	23	申壬	10月	24	寅壬	9月	25	酉癸	8月	26	卯癸	七初
1月	22	申壬	12月	23	寅壬	11月	24	酉癸	10月	25	卯癸	9月	26	戌甲	8月	27	辰甲	八初
1月	23	酉癸	12月	24	卯癸	11月	25	戌甲	10月	26	辰甲	9月	27	亥乙	8月	28	巳乙	九初
1月	24	戌甲	12月	25	辰甲	11月	26	亥乙	10月	27	巳乙	9月	28	子丙	8月	29	午丙	十初
1月	25	亥乙	12月	26	巳乙	11月	27	子丙	10月	28	午丙	9月	29	丑丁	8月	30	未丁	一十
1月	26	子丙	12月	27	午丙	11月	28	丑丁	10月	29	未丁	9月	30	寅戊	8月	31	申戊	二十
1月	27	丑丁	12月	28	未丁	11月	29	寅戊	10月	30	申戊	10月	1	卯己	9月	1	酉己	三十
1月	28	寅戊	12月	29	申戊	11月	30	卯己	10月	31	酉己	10月	2	辰庚	9月	2	戌庚	四十
1月	29	卯己	12月	30	酉己	12月	1	辰庚	11月	1	戌庚	10月	3	巳辛	9月	3	亥辛	五十
1月	30	辰庚	12月	31	戌庚	12月	2	巳辛	11月	2	亥辛	10月	4	午壬	9月	4	子壬	六十
1月	31	巳辛	1月	1	亥辛	12月	3	午壬	11月	3	子壬	10月	5	未癸	9月	5	丑癸	七十
2月	1	午壬	1月	2	子壬	12月	4	未癸	11月	4	丑癸	10月	6	申甲	9月	6	寅甲	八十
2月	2	未癸	1月	3	丑癸	12月	5	申甲	11月	5	寅甲	10月	7	酉乙	9月	7	卯乙	九十
2月	3	申甲	1月	4	寅甲	12月	6	酉乙	11月	6	卯乙	10月	8	戌丙	9月	8	辰丙	十二
2月	4	酉乙	1月	5	卯乙	12月	7	戌丙	11月	7	辰丙	10月	9	亥丁	9月	9	巳丁	一廿
2月	5	戌丙	1月	6	辰丙	12月	8	亥丁	11月	8	巳丁	10月	10	子戊	9月	10	午戊	二廿
2月	6	亥丁	1月	7	巳丁	12月	9	子戊	11月	9	午戊	10月	11	丑己	9月	11	未己	三廿
2月	7	子戊	1月	8	午戊	12月	10	丑己	11月	10	未己	10月	12	寅庚	9月	12	申庚	四廿
2月	8	丑己	1月	9	未己	12月	11	寅庚	11月	11	申庚	10月	13	卯辛	9月	13	酉辛	五廿
2月	9	寅庚	1月	10	申庚	12月	12	卯辛	11月	12	酉辛	10月	14	辰壬	9月	14	戌壬	六廿
2月	10	卯辛	1月	11	酉辛	12月	13	辰壬	11月	13	戌壬	10月	15	巳癸	9月	15	亥癸	七廿
2月	11	辰壬	1月	12	戌壬	12月	14	巳癸	11月	14	亥癸	10月	16	午甲	9月	16	子甲	八廿
2月	12	巳癸	1月	13	亥癸	12月	15	午甲	11月	15	子甲	10月	17	未乙	9月	17	丑乙	九廿
2月	13	午甲	1月	14	子甲				11月	16	丑乙				9月	18	寅丙	十三

例：二〇〇九年西曆五月七日（農曆四月十三日）

二〇〇九年歲次己丑，我們可在年柱下先填上「己丑」。又五月七日格內寫着「壬子」，故可在日柱下填上「壬子」（詳見第四十八頁）。月柱方面，我們要小心看看在哪個節氣中間，而西曆五月七日在立夏後、芒種前，故應以四月計算。而農曆四月下寫着「己巳」二字，故在月柱下填上「己巳」即可。

年	月	日	時
己丑	己巳	壬子	××

我們有時沒有《萬年曆》在手，又想起月柱的話，就可以用「五虎遁歌訣」來得出每年正月之天干，然後順數至想知道的月分便可得出其天干了。

附：五虎遁歌訣

甲己之年丙作首，
乙庚之年戊為頭，
丙辛歲首尋庚起，
丁壬壬位順流行，
若言戊癸何方發，
甲寅之上好追求。

如第一行之「甲己之年丙作首」，就代表甲或己的年干一月是「丙寅」月，二月是「丁卯」，三月是「戊辰」……

由年干推月干列表如下：

月支／年干	寅	卯	辰	巳	午	未	申	酉	戌	亥	子	丑
甲或己	丙寅	丁卯	戊辰	己巳	庚午	辛未	壬申	癸酉	甲戌	乙亥	丙子	丁丑
乙或庚	戊寅	己卯	庚辰	辛巳	壬午	癸未	甲申	乙酉	丙戌	丁亥	戊子	己丑
丙或辛	庚寅	辛卯	壬辰	癸巳	甲午	乙未	丙申	丁酉	戊戌	己亥	庚子	辛丑
丁或壬	壬寅	癸卯	甲辰	乙巳	丙午	丁未	戊申	己酉	庚戌	辛亥	壬子	癸丑
戊或癸	甲寅	乙卯	丙辰	丁巳	戊午	己未	庚申	辛酉	壬戌	癸亥	甲子	乙丑

西曆二〇〇九年

歲次己丑

太歲 姓潘名蓋

屬牛

月六曆農		月五閏曆農		月五曆農		月四曆農		月三曆農		月二曆農		月正曆農		別月
未辛				午庚		巳己		辰戊		卯丁		寅丙		支干
秋立	暑大	暑小		至夏	種芒	滿小	夏立	雨穀	明清	分春	蟄驚	水雨	春立	節氣
17時40分 十七酉時	1時15分 初二丑時	7時50分 十五辰時		14時15分 廿九未時	21時27分 十三亥時	6時12分 廿七卯時	17時11分 十一酉時	6時54分 廿五卯時	23時44分 初九夜子	19時38分 廿四戌時	18時43分 初九酉時	20時38分 廿四戌時	0時45分 初十子時	
曆西	支干	曆西	支干	曆西	支干	曆西	支干	曆西	支干	曆西	支干	曆西	支干	曆農
7月22	辰戊	6月23	亥己	5月24	巳己	4月25	子庚	3月27	未辛	2月25	丑辛	1月26	未辛	一初
7月23	巳己	6月24	子庚	5月25	午庚	4月26	丑辛	3月28	申壬	2月26	寅壬	1月27	申壬	二初
7月24	午庚	6月25	丑辛	5月26	未辛	4月27	寅壬	3月29	酉癸	2月27	卯癸	1月28	酉癸	三初
7月25	未辛	6月26	寅壬	5月27	申壬	4月28	卯癸	3月30	戌甲	2月28	辰甲	1月29	戌甲	四初
7月26	申壬	6月27	卯癸	5月28	酉癸	4月29	辰甲	3月31	亥乙	3月1	巳乙	1月30	亥乙	五初
7月27	酉癸	6月28	辰甲	5月29	戌甲	4月30	巳乙	4月1	子丙	3月2	午丙	1月31	子丙	六初
7月28	戌甲	6月29	巳乙	5月30	亥乙	5月1	午丙	4月2	丑丁	3月3	未丁	2月1	丑丁	七初
7月29	亥乙	6月30	午丙	5月31	子丙	5月2	未丁	4月3	寅戊	3月4	申戊	2月2	寅戊	八初
7月30	子丙	7月1	未丁	6月1	丑丁	5月3	申戊	4月4	卯己	3月5	酉己	2月3	卯己	九初
7月31	丑丁	7月2	申戊	6月2	寅戊	5月4	酉己	4月5	辰庚	3月6	戌庚	2月4	辰庚	十初
月1	寅戊	7月3	酉己	6月3	卯己	5月5	戌庚	4月6	巳辛	3月7	亥辛	2月5	巳辛	一十
月2	卯己	7月4	戌庚	6月4	辰庚	5月6	亥辛	4月7	午壬	3月8	子壬	2月6	午壬	二十
月3	辰庚	7月5	亥辛	6月5	巳辛	5月7	子壬	4月8	未癸	3月9	丑癸	2月7	未癸	三十
月4	巳辛	7月6	子壬	6月6	午壬	5月8	丑癸	4月9	申甲	3月10	寅甲	2月8	申甲	四十
月5	午壬	7月7	丑癸	6月7	未癸	5月9	寅甲	4月10	酉乙	3月11	卯乙	2月9	酉乙	五十
月6	未癸	7月8	寅甲	6月8	申甲	5月10	卯乙	4月11	戌丙	3月12	辰丙	2月10	戌丙	六十
月7	申甲	7月9	卯乙	6月9	酉乙	5月11	辰丙	4月12	亥丁	3月13	巳丁	2月11	亥丁	七十
月8	酉乙	7月10	辰丙	6月10	戌丙	5月12	巳丁	4月13	子戊	3月14	午戊	2月12	子戊	八十
月9	戌丙	7月11	巳丁	6月11	亥丁	5月13	午戊	4月14	丑己	3月15	未己	2月13	丑己	九十
月10	亥丁	7月12	午戊	6月12	子戊	5月14	未己	4月15	寅庚	3月16	申庚	2月14	寅庚	十二
月11	子戊	7月13	未己	6月13	丑己	5月15	申庚	4月16	卯辛	3月17	酉辛	2月15	卯辛	一廿
月12	丑己	7月14	申庚	6月14	寅庚	5月16	酉辛	4月17	辰壬	3月18	戌壬	2月16	辰壬	二廿
月13	寅庚	7月15	酉辛	6月15	卯辛	5月17	戌壬	4月18	巳癸	3月19	亥癸	2月17	巳癸	三廿
月14	卯辛	7月16	戌壬	6月16	辰壬	5月18	亥癸	4月19	午甲	3月20	子甲	2月18	午甲	四廿
月15	辰壬	7月17	亥癸	6月17	巳癸	5月19	子甲	4月20	未乙	3月21	丑乙	2月19	未乙	五廿
月16	巳癸	7月18	子甲	6月18	午甲	5月20	丑乙	4月21	申丙	3月22	寅丙	2月20	申丙	六廿
月17	午甲	7月19	丑乙	6月19	未乙	5月21	寅丙	4月22	酉丁	3月23	卯丁	2月21	酉丁	七廿
月18	未乙	7月20	寅丙	6月20	申丙	5月22	卯丁	4月23	戌戊	3月24	辰戊	2月22	戌戊	八廿
月19	申丙	7月21	卯丁	6月21	酉丁	5月23	辰戊	4月24	亥己	3月25	巳己	2月23	亥己	九廿
				6月22	戌戊					3月26	午庚	2月24	子庚	十三

農曆十二月			農曆十一月			農曆十月			農曆九月			農曆八月			農曆七月			月別
丁丑			丙子			乙亥			甲戌			癸酉			壬申			干支
立春 廿一卯時 6時42分		大寒 初六午時 12時19分	小寒 廿一酉時 18時54分		冬至 初七丑時 1時37分	大雪 廿一辰時 7時43分		小雪 初六午時 12時27分	立冬 廿一未時 14時57分		霜降 初六未時 14時50分	寒露 二十午時 11時51分		秋分 初五卯時 5時41分	白露 十九戌時 20時21分		處暑 初四辰時 8時15分	節氣
西曆		干支	西曆		干支	西曆		干支	西曆		干支	西曆		干支	西曆		干支	農曆
1月	15	乙丑	12月	16	乙未	11月	17	丙寅	10月	18	丙申	9月	19	丁卯	8月	20	丁酉	初一
1月	16	丙寅	12月	17	丙申	11月	18	丁卯	10月	19	丁酉	9月	20	戊辰	8月	21	戊戌	初二
1月	17	丁卯	12月	18	丁酉	11月	19	戊辰	10月	20	戊戌	9月	21	己巳	8月	22	己亥	初三
1月	18	戊辰	12月	19	戊戌	11月	20	己巳	10月	21	己亥	9月	22	庚午	8月	23	庚子	初四
1月	19	己巳	12月	20	己亥	11月	21	庚午	10月	22	庚子	9月	23	辛未	8月	24	辛丑	初五
1月	20	庚午	12月	21	庚子	11月	22	辛未	10月	23	辛丑	9月	24	壬申	8月	25	壬寅	初六
1月	21	辛未	12月	22	辛丑	11月	23	壬申	10月	24	壬寅	9月	25	癸酉	8月	26	癸卯	初七
1月	22	壬申	12月	23	壬寅	11月	24	癸酉	10月	25	癸卯	9月	26	甲戌	8月	27	甲辰	初八
1月	23	癸酉	12月	24	癸卯	11月	25	甲戌	10月	26	甲辰	9月	27	乙亥	8月	28	乙巳	初九
1月	24	甲戌	12月	25	甲辰	11月	26	乙亥	10月	27	乙巳	9月	28	丙子	8月	29	丙午	初十
1月	25	乙亥	12月	26	乙巳	11月	27	丙子	10月	28	丙午	9月	29	丁丑	8月	30	丁未	十一
1月	26	丙子	12月	27	丙午	11月	28	丁丑	10月	29	丁未	9月	30	戊寅	8月	31	戊申	十二
1月	27	丁丑	12月	28	丁未	11月	29	戊寅	10月	30	戊申	10月	1	己卯	9月	1	己酉	十三
1月	28	戊寅	12月	29	戊申	11月	30	己卯	10月	31	己酉	10月	2	庚辰	9月	2	庚戌	十四
1月	29	己卯	12月	30	己酉	12月	1	庚辰	11月	1	庚戌	10月	3	辛巳	9月	3	辛亥	十五
1月	30	庚辰	12月	31	庚戌	12月	2	辛巳	11月	2	辛亥	10月	4	壬午	9月	4	壬子	十六
1月	31	辛巳	1月	1	辛亥	12月	3	壬午	11月	3	壬子	10月	5	癸未	9月	5	癸丑	十七
2月	1	壬午	1月	2	壬子	12月	4	癸未	11月	4	癸丑	10月	6	甲申	9月	6	甲寅	十八
2月	2	癸未	1月	3	癸丑	12月	5	甲申	11月	5	甲寅	10月	7	乙酉	9月	7	乙卯	十九
2月	3	甲申	1月	4	甲寅	12月	6	乙酉	11月	6	乙卯	10月	8	丙戌	9月	8	丙辰	二十
2月	4	乙酉	1月	5	乙卯	12月	7	丙戌	11月	7	丙辰	10月	9	丁亥	9月	9	丁巳	廿一
2月	5	丙戌	1月	6	丙辰	12月	8	丁亥	11月	8	丁巳	10月	10	戊子	9月	10	戊午	廿二
2月	6	丁亥	1月	7	丁巳	12月	9	戊子	11月	9	戊午	10月	11	己丑	9月	11	己未	廿三
2月	7	戊子	1月	8	戊午	12月	10	己丑	11月	10	己未	10月	12	庚寅	9月	12	庚申	廿四
2月	8	己丑	1月	9	己未	12月	11	庚寅	11月	11	庚申	10月	13	辛卯	9月	13	辛酉	廿五
2月	9	庚寅	1月	10	庚申	12月	12	辛卯	11月	12	辛酉	10月	14	壬辰	9月	14	壬戌	廿六
2月	10	辛卯	1月	11	辛酉	12月	13	壬辰	11月	13	壬戌	10月	15	癸巳	9月	15	癸亥	廿七
2月	11	壬辰	1月	12	壬戌	12月	14	癸巳	11月	14	癸亥	10月	16	甲午	9月	16	甲子	廿八
2月	12	癸巳	1月	13	癸亥	12月	15	甲午	11月	15	甲子	10月	17	乙未	9月	17	乙丑	廿九
2月	13	甲午	1月	14	甲子				11月	16	乙丑				9月	18	丙寅	三十

起時柱

我們起好年、月、日柱後，便要着手起時柱了。時柱與夏令時間一樣，具有爭論性。

在《八字萬年曆》裏，我經已提過：

不論你在哪個地方出生，也不論是冬令時間還是夏令時間，只要按照當地的出生時間去算便可，調整回正常時間反而不對。

又有一些城市即使在同一個時區，卻會用不同的時間。

以泰國、新加坡和馬來西亞為例，它們本來就應該在同一個時區，但新加坡、馬來西亞與泰國卻相差一個小時。前兩者之所以與後者出現時間差異，是因為新加坡與馬來西亞當年基於經濟考慮，而將時間調整至與香港相同的時間。

事實上，如硬要將之調整至正常時間，都不知道應以時區為依歸，抑或以國家所定的時間為依歸。

但這些對我來說，根本不是問題，因根據我的研究所得，即使在香港實施夏令時間，亦毋須把出生時間減慢一個鐘去算，因為這樣反而不準。

起時柱與夏令時間一樣存在爭議，而爭議主要在於晚上十一時至凌晨一時這個時段。

由於這個時段是子時，但日子卻橫跨兩日。其他說法我不會在這裏說明，以免出現混亂。

推時柱時，我們首要知道的，是我們在甚麼時辰出生。其他時辰其實簡單明瞭，唯獨子時橫跨兩天，而一天的開始應由零時至廿四時止，故零時至一時為本日之子時，又稱為「早子時」或「正子時」。而二十三時至二十四時，則用了明天的子時，但因在二十四點以前仍然算是今天，故日子還是當天的日子，而時辰則用了明天的時辰。

簡而言之，天干上的早子時與晚上的子時是有所不同的。

下頁為十二地支配時辰之圖解，當中明確地劃分了早子時與夜子時之分野。

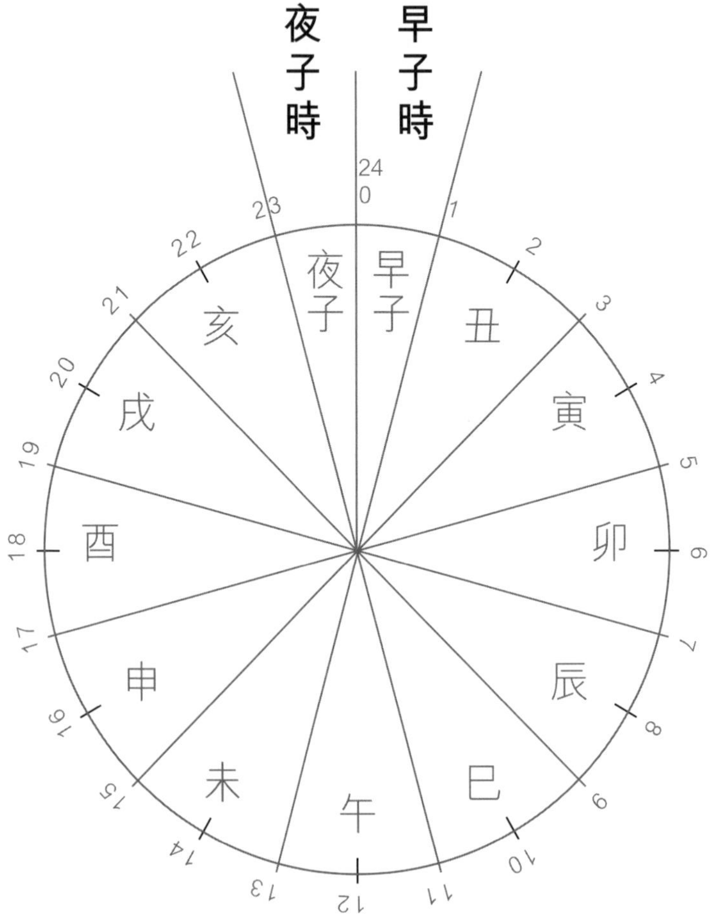
夜子時
早子時
24
0
1
2
3
4
5
6
7
8
9
10
11
12
13
14
15
16
17
18
19
20
21
22
23
夜子
早子
丑
寅
卯
辰
巳
午
未
申
酉
戌
亥

例如甲日干，早子時是甲子，丑時為乙丑，寅時為丙寅，卯時為丁卯，辰時為戊辰，巳時為己巳，餘此類推到晚上十一時至十二時為丙子時。再看乙日早上零時至一時又為丙子時，所以甲日夜子時其實用了乙日的子時。明乎此，則不會將早子時和夜子時搞亂。

總而言之，零至二十四為完整的一天，零時至一時用當天子時的天干，廿三至廿四時則用明天子時的天干。

甲日干	乙日干
0-1 甲子	0-1 丙子
1-3 乙丑	1-3 丁丑
3-5 丙寅	3-5 戊寅
5-7 丁卯	5-7 己卯
7-9 戊辰	7-9 庚辰
9-11 己巳	9-11 辛巳
11-13 庚午	11-13 壬午
13-15 辛未	13-15 癸未
15-17 壬申	15-17 甲申
17-19 癸酉	17-19 乙酉
19-21 甲戌	19-21 丙戌
21-23 乙亥	21-23 丁亥
23-24 丙子	23-24 戊子

為使讀者易於明白，現將每日各時辰列表如下：

時支 / 日干	23-24 夜子	1-3 丑	3-5 寅	5-7 卯	7-9 辰	9-11 巳	11-13 午	13-15 未	15-17 申	17-19 酉	19-21 戌	21-23 亥	-1 子
甲或己	丙子	乙丑	丙寅	丁卯	戊辰	己巳	庚午	辛未	壬申	癸酉	甲戌	乙亥	甲子
乙或庚	戊子	丁丑	戊寅	己卯	庚辰	辛巳	壬午	癸未	甲申	乙酉	丙戌	丁亥	丙子
丙或辛	庚子	己丑	庚寅	辛卯	壬辰	癸巳	甲午	乙未	丙申	丁酉	戊戌	己亥	戊子
丁或壬	壬子	辛丑	壬寅	癸卯	甲辰	乙巳	丙午	丁未	戊申	己酉	庚戌	辛亥	庚子
戊或癸	甲子	癸丑	甲寅	乙卯	丙辰	丁巳	戊午	己未	庚申	辛酉	壬戌	癸亥	壬子

五鼠遁歌訣

甲己還加甲，
乙庚丙為頭，
丙辛從戊起，
丁壬庚子居，
戊癸何方發，
壬子是真途。

即甲日或己日子時的天干為甲子，餘此類推則丑時即乙丑、寅時即丙寅、卯時即丁卯……

如以上例子，生於二〇〇九年西曆一月廿六日，當天雖然是年初一，但因在立春前出生，故年柱為「戊子」。

而月柱則以農曆十二月乙丑月算，又日子當天為辛未日，故得出開頭三柱為——

年	月	日	時
戊子	乙丑	辛未	××

我們得知時辰之後，便可將時柱列出而成為一個完整的四柱。

算他是中午十二時出生，時辰是午時，再以辛日元去推算，自可得其時柱。五鼠遁歌訣第三句「丙辛從戊起」，意謂子時是「戊子」，丑時是「己丑」、寅時是「庚寅」、卯時是「辛卯」、辰時是「壬辰」、巳時是「癸巳」，而午時則為「甲午」，故將「甲午」填在時柱位置即可。

年	月	日	時
戊子	乙丑	辛未	甲午

例如：二〇〇九年西曆二月五日23時40分出生（農曆正月十一）

二〇〇九年西曆二月四日凌晨零時四十五分為立春，由於二月五日已經過了立春，故年支應該是「己丑」，月柱則是一月的「丙寅」，而日柱就是二月五日的日子「辛巳」。

時辰在23時40分，即為當天的夜子時。根據五鼠遁歌訣，丙或辛的早子時是戊子，數至夜子時則為「庚子」，故時柱為庚子（詳見第四十至四十一頁）。

年	月	日	時
己丑	丙寅	辛巳	庚子

例如：二〇〇九年西曆五月七日上午9時20分出生（農曆四月十三日）

二〇〇九年的年柱為「己丑」，當月西曆五月五日十七時十一分為立夏，而五月七日已經過了立夏，故月柱應該為農曆四月「己巳」月。日為五月七日的「壬子」日，而時則為上午九時二十分，又九至十一時為巳時。由於當天日干為壬，根據「五鼠遁歌訣」，就是「丁壬庚子居」，故丁或壬的子時為「庚子」時，丑時為「辛丑」，寅時為「壬寅」，卯時為「癸卯」，辰時為「甲辰」，巳時為「乙巳」，所以年柱為「己丑」，月柱為「己巳」，日柱為「壬子」，時柱為「乙巳」。

年	月	日	時
己丑	己巳	壬子	乙巳

掌中法

我們推時柱時，一般都會用掌中法來推。其法是先將手指十二節定為十二個時辰。推天干時，手指數前一位時天干順道推前一位，總之我們所生的時辰停在哪裏，便知道那個時辰的天干是甚麼了，而「五虎遁歌訣」推月干的原理亦相同。

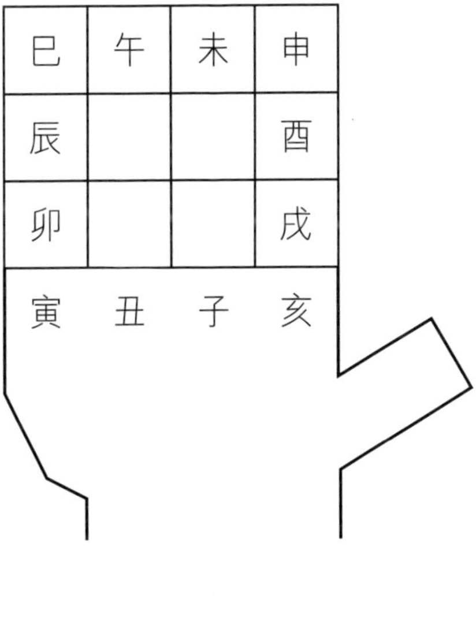

第三章：推大運法

推大運法

將八字四柱排好後，便要着手起大運了，而大運能從月柱得出——陽男陰女從出生月順推至未來月，陰男陽女則從出生月逆推至過去月。

至於命格的陰陽乃從年干得出，如年干甲、丙、戊、庚、壬為陽，乙、丁、己、辛、癸為陰。

男命年干——甲、丙、戊、庚、壬——為陽男
男命年干——乙、丁、己、辛、癸——為陰男
女命年干——甲、丙、戊、庚、壬——為陽女
女命年干——乙、丁、己、辛、癸——為陰女

例如：男命　二〇〇九年西曆一月三十一日中午11至1時出生

八字為

八字	大運
戊子	丙寅
乙丑	丁卯
丙子	戊辰
甲午	己巳
	庚午
	辛未

因年干為戊土，戊為陽，男性戊年出生為陽男，又陽命大運要從月柱的干支順序向前推。如月柱為乙丑，依次前推則為丙寅、丁卯、戊辰。

例如：女命　二〇〇九年西曆一月三十一日中午11時30分出生

八字為

八字	大運
戊子	甲子
乙丑	癸亥
丙子	壬戌
甲午	辛酉
	庚申
	己未

女命年干為戊，戊屬陽，故此命為陽女。陽女大運要從月柱乙丑逆行，依次為甲子、癸亥、壬戌、辛酉、庚申……

例如：男命　二〇〇九年西曆二月五日下午3時30分出生

八字為

己丑
丙寅
辛巳
丙申

大運

乙丑　甲子　癸亥　壬戌　辛酉　庚申　己未

此命年干己土屬陰，男命，故為陰男。大運應從月柱逆行，依次為乙丑、甲子、癸亥、壬戌、辛酉、庚申……

例如：女命　二〇〇九年西曆二月五日下午3時30分出生

八字為

己丑
丙寅
辛巳
丙申

大運

丁卯　戊辰　己巳　庚午　辛未　壬申　癸酉

此命己土年干屬陰，女命，故為陰女。大運應從出生月順推至未來月，順序為丁卯、戊辰、己巳、庚午、辛未、壬申。

起運歲數

排好八字與大運後，便要開始計算多少歲起運。

計算起運的方法為：陽男陰女從出生日順推至未來節，陰男陽女則從出生日逆推至過去節，然後再計算當中相隔多少天及多少個時辰。然後，再以三日作一歲計算，一個時辰作十天計算，多過一百八十天加一歲，少過一百八十天則不用計算（其實仔細還要計算在哪一天開始起運）。

例如：男命　西曆二〇〇九年一月三十一日上午11時20分出生（午時）

八字為

戊子
乙丑
丙子
甲午

大運

1	丙寅	6
11	丁卯	16
21	戊辰	26
31	己巳	36
41	庚午	46
51	辛未	56
61	壬申	66
71	癸酉	76

此命為陽男，應從出生日順推至未來節，而未來節應該是立春，又立春日是二〇〇九年西曆二月四日零時四十五分。

承上例，其計算方法為——二月一日之十一時為一天；二月二日之十一時為兩天；二月三日之十一時為三天；二月四日之十一時為四天。但因在二月四日之凌晨零時四十五分已經立春，故日子不足四天，實數應為三天。然後，再計算從午時至立春的子時相距多少個時辰。

午時應為未、申、酉、戌、亥、子，午時至子時應為六個時辰，而一個時辰為十天，故起運歲數為一歲零六十天。但六十天我們不用寫在行運歲數上，只要將起運之月分再加兩個月即可。我們知道一歲起運後，便可在大運丙寅上加上「1」，又丁卯為「11」，戊辰為「21」。

另每一字為五歲，故可在丙寅下加上「6」，丁卯下加上「16」，戊辰下加上「26」。但其實看大運時是整柱去看的，並不會分割成一歲至六歲看丙，六歲至十一歲看寅，十一歲至十六歲看丁，十六歲到二十一歲看卯，而應該是一歲至十一歲這十年看丙寅，而丙在寅上為木火相生。如命格木火有利，則這十年為好運；木火為忌，就代表這十年為壞運。

例如：女命　二〇〇九年西曆一月三十一日上午11時20分出生（午時）

八字為

戊子
乙丑
丙子
甲午

大運

9	19	29	39	49	59	69	79
甲子	癸亥	壬戌	辛酉	庚申	己未	戊午	丁巳
14	24	34	44	54	64	74	84

此命為陽女，應該從出生日逆推至過去節。而過去節為小寒，又小寒在西曆一月五日之十三時零四分開始，即是未時，故從一月三十一日午時逆推至一月五日之未時，便可計算出當中應相隔二十五天零十一個時辰。

再以三日為一歲，一個時辰為十天計算，則一共是八歲零一天零十一個時辰，即八歲零二百三十天。由於零數多於一百八十，故作加一計算。因此，在甲子柱上寫上「9」，而甲子以下則為「14」，又癸亥柱上為「19」，癸亥柱下為「24」。

例如：男命

西曆二〇〇九年二月五日下午3時30分（申時）

八字為

乙丑
丙寅
辛巳
丙申

大運

1	11	21	31	41	51	61	71
乙丑	甲子	癸亥	壬戌	辛酉	庚申	己未	戊午
6	16	26	36	46	56	66	76

此命為陰男，應從出生日逆數至過去節，而過去節為立春，即從二月五日申時逆數至二月四日之子時。計算下，應為一天零八個時辰，即為二十個時辰，而一個時辰以十天計算即為二百天。因過了一百八十天，雖然未足一歲，但我們仍在第一柱乙丑之頂上寫上「1」。

例如：女命

西曆二〇〇九年二月五日下午3時30分（申時）

八字為

乙丑
丙寅
辛巳
丙申

大運

9	19	29	39	49	59
丁卯	戊辰	己巳	庚午	辛未	壬申
14	24	34	44	54	64

此命為陰女，應從出生日順推到未來節，而未來節為驚蟄，日子為西曆三月五日之酉時。從二月五日申時計算至三月五日之酉時，當中共差距二十八天零一個時辰。再以三日為一歲，一個時辰為十天計，一共應為九歲零一百三十天。由於少於一百八十天，故仍以九歲起運計算，在丁卯柱上寫上「9」，依次為「19」、「29」、「39」……

練習題

男命——一九七九年西曆二月二日午時出生
男命——一九六一年西曆二月十日辰時出生
女命——一九六〇年西曆八月十日申時出生
女命——一九八五年西曆九月十日子時出生

答案

男命——一九七九年西曆二月二日午時出生

八字為

戊	乙	庚	壬
午	丑	子	午

大運

1	11	21	31	41	51	61
丙	丁	戊	己	庚	辛	壬
寅	卯	辰	巳	午	未	申
6	16	26	36	46	56	66

男命——一九六一年西曆二月十日辰時出生

八字為

辛	庚	甲	戊
丑	寅	戌	辰

大運

2	12	22	32	42	52	62
己	戊	丁	丙	乙	甲	癸
丑	子	亥	戌	酉	申	未
7	17	27	37	47	57	67

女命——一九六〇年西曆八月十日申時出生

八字為

庚子　甲申　庚午　甲申

大運

1	11	21	31	41	51	61
癸未	壬午	辛巳	庚辰	己卯	戊寅	丁丑
6	16	26	36	46	56	66

女命——一九八五年西曆九月十日夜子時出生

八字為

乙丑　乙酉　壬戌　壬子

大運

9	19	29	39	49	59	69
丙戌	丁亥	戊子	己丑	庚寅	辛卯	壬辰
14	24	34	44	54	64	74

註：如答案不符，請反覆研究例子。

第四章：推命宮胎元法

子平推命之術源出於五星，直至五代徐子平出，才改革之。但二派至今，尚有若干關係存在，而命宮就是其中之一。我們排列好八字後，就可參看命宮，以定五行之旺衰。

推命宮法

首先，要將十二地支所定的數字記牢：

寅一、卯二、辰三、巳四、午五、未六、申七、酉八、戌九、亥十、子十一、丑十二。

另有兩個基數，即十四與廿六：

推算之方程式為：

基數－（月支數＋時支數）＝命宮

凡月支數＋時支數小於十四時，就用十四作為基數去減；

當月支數＋時支數大於十四時，就用廿六作為基數去減。

所得出之數即為命宮的支數。然後根據支數再用「五虎遁歌訣」，即可得其天干。

另外，要注意的是推命宮以氣為主，如過中氣即作下月計算。

例如：戊寅年閏七月廿日辰時生，推其命宮——

年	月	日	時
戊寅	辛酉	戊申	丙辰

酉月戊申日於白露節後五天，未過秋分中氣，應作酉月推算，程式為：

14－（8＋3）＝3

3即是辰，即立命宮辰宮，再用「五虎遁歌訣」便可得出天干為丙，故命宮即為：丙辰。

時辰＼命宮＼節氣	大寒後雨水前	雨水後春分前	春分後穀雨前	穀雨後小滿前	小滿後夏至前	夏至後大暑前	大暑後處暑前	處暑後秋分前	秋分後霜降前	霜降後小雪前	小雪後冬至前	冬至後大寒前
子	卯	寅	丑	子	亥	戌	酉	申	未	午	巳	辰
丑	寅	丑	子	亥	戌	酉	申	未	午	巳	辰	卯
寅	丑	子	亥	戌	酉	申	未	午	巳	辰	卯	寅
卯	子	亥	戌	酉	申	未	午	巳	辰	卯	寅	丑
辰	亥	戌	酉	申	未	午	巳	辰	卯	寅	丑	子
巳	戌	酉	申	未	午	巳	辰	卯	寅	丑	子	亥
午	酉	申	未	午	巳	辰	卯	寅	丑	子	亥	戌
未	申	未	午	巳	辰	卯	寅	丑	子	亥	戌	酉
申	未	午	巳	辰	卯	寅	丑	子	亥	戌	酉	申
酉	午	巳	辰	卯	寅	丑	子	亥	戌	酉	申	未
戌	巳	辰	卯	寅	丑	子	亥	戌	酉	申	未	午
亥	辰	卯	寅	丑	子	亥	戌	酉	申	未	午	巳

掌中法

推命宮除了上述的方法外，尚有掌中法。

其方法是以掌中法的「子宮」為基本宮位，又不論何月出生，均從「子宮」起正月，然後逆推至亥宮為二月，戌宮為三月，直到逆數至出生月為止，再在原處把出生之時上進數至卯宮即可。

巳八	午七	未六	申五
辰九	順推		酉四
卯十		逆推	戌三
寅十一	丑十二	子正月	亥二

註：命宮干支不會放在八字之干支作為參考，其用法是看流年時推小限，從而得出當年之吉凶神煞。有關之內容，以後將會在八字進階論格局詳述。

推胎元法

胎元即受胎的月分，五星推命重命宮，子平推命重胎元。

胎元計算法是按正常情況下，以出生日的倒退十個月來計算。但有些人生下來是不足胎月或超過胎月的，又一般人大多不知道受胎的月分，故命理推測皆按十個月計算。

推算胎元之方法以月柱為主，而干前一位，支前三位所得之數即是胎元。

註：以上推胎元命宮法，初學者可不用理會。而所謂的「胎元」，其實是指受胎的月分。有些算命的人，在無法解釋某些命格時，就會把胎元的五行也計算在內，從而自圓其說。

至於命宮則用以推小限，從而推斷流年星宿對當年的影響。

第五章：六神

六神

子平推命術以日柱的天干為整個八字的重心，然後再配合其他干支陰陽生剋之關係，即為剋我（「我」即日干）、我剋、生我、我生、同類（即與日干同一五行）及日干等共分六種，名為「六神」。又有人將正、偏分類，訂為「十神」，但我們實毋須執著於名稱。

現將六神分述如下：

日干——八字中日柱的天干（又名「日主」或「日元」）

剋我——陽剋陰，陰剋陽——名為「正官」（一般簡寫為「官」）。
陽剋陽，陰剋陰——名為「七殺」（一般簡寫為「殺」）。

我剋——陽剋陰，陰剋陽——名為「正財」（一般簡寫為「財」）。
陽剋陽，陰剋陰——名為「偏財」（一般簡寫為「才」）。

生我——陽生陰，陰生陽——名為「正印」（一般簡寫為「印」）。
陽生陽，陰生陰——名為「偏印」（一般簡寫為𠂎或卩）。

我生——陽生陰，陰生陽——名為「傷官」（一般簡寫為「傷」）。
陽生陽，陰生陰——名為「食神」（一般簡寫為「食」）。

同類——陽見陰，陰見陽——名為「劫財」（一般簡寫為「劫」）。
陽見陽，陰見陰——名為「比肩」（一般簡寫為「比」）。

為使讀者易於明白，現列表如下：

日干＼十天干＼六神	比肩	劫財	食神	傷官	偏財	正財	偏官	正官	偏印	正印
甲	甲	乙	丙	丁	戊	己	庚	辛	壬	癸
乙	乙	甲	丁	丙	己	戊	辛	庚	癸	壬
丙	丙	丁	戊	己	庚	辛	壬	癸	甲	乙
丁	丁	丙	己	戊	辛	庚	癸	壬	乙	甲
戊	戊	己	庚	辛	壬	癸	甲	乙	丙	丁
己	己	戊	辛	庚	癸	壬	乙	甲	丁	丙
庚	庚	辛	壬	癸	甲	乙	丙	丁	戊	己
辛	辛	庚	癸	壬	乙	甲	丁	丙	己	戊
壬	壬	癸	甲	乙	丙	丁	戊	己	庚	辛
癸	癸	壬	乙	甲	丁	丙	己	戊	辛	庚

六神的相生相剋（等同於五行的相生相剋）

相生——財生官殺，官殺生印，印生日主及比劫，比劫生食傷，食傷生財。

相剋——財剋印，印剋食傷，食傷剋官殺，官殺剋日主比劫，比劫剋財。

例一：

	年	月	日	時
	食	印	日元	E
干支	戊子	乙丑	丙子	甲午
	官（癸）	傷官財（己癸辛）	官（癸）	劫傷（丁己）

例子詳析

八字以日干（即日主或日元）為整個八字的重心，而其他七字會與日主產生同我、生我、我生、剋我、我剋等關係。

年干——如年干戊土屬陽，日元丙火亦屬陽，又火與土的關係為火生土，則陽火生陽土，我生，為食神，故在年干戊土上寫上「食」字。

年支——年支子水，我們首先要化回支中人元，而子中藏癸水，癸水屬陰，剋日元之陽火。陰剋陽，剋我者為正官，故在年支癸之下寫上「官」字。

月干——乙屬木，木生火、生我，陰生陽為正印。故在月干上寫上「印」字。

月支——月支丑藏己土、癸水、辛金三字，己土為陰土，火生土，日元所生陽生陰為傷官，故在丑土下方寫上「傷」字。第二個字為癸，在上柱已得知是正官，故在「傷」字下再寫上「官」。最後一個字為辛，辛屬陰金，火剋金，日元所剋，陽剋陰為正財，故在官字以下再寫上「財」字，所以月柱丑土所藏者為「傷官」、「正官」與「正財」。

日干——可寫上「日元」或「日主」，但一般會寫上「日元」。

日支——日支為子水，與年支一樣為「正官」，故在子水下寫上「官」字。

時干——時干為甲，甲為陽木，陽木生陽火、生我，陽生陽為偏印，故在甲字頂上寫上「E」或「卩」。

時支——時支午藏丁己，丁為陰火，日元丙為陽火，火見火為同類，陰陽相見為刦財，故在午字下先寫上「刦」字。己為陰土，在月支已經出現過，知道是傷官，故在「刦」字下面再寫上「傷」字。

就這樣，整個八字之神便起好了。

例二：

時	日	月	年
官	日元	官	𠂎
丙	辛	丙	己
申	巳	寅	丑
劫傷印 （庚壬戊）	官印劫 （丙戊庚）	財官印 （甲丙戊）	𠂎食比 （己癸辛）

例子詳析

年干——年干己為陰土，日元為陰金，土生金，生我，陰見陰為「偏印」，故在年干上寫上「㠯」字以作代表。

年支——年支丑，支中人元為「己」、「癸」、「辛」，己土同年干一樣是偏印，故首先在丑下面寫上「㠯」。第二個是「癸」，屬陰水，陰金生陰水，我生為食神，故在「㠯」下面再寫上「食」。第三個字為「辛」，與日元同屬金，陰見陰為比肩，故在「食」字下面再寫上「比」。

月干——月干丙為陽火，剋日元之陰金，陽剋陰剋我為正官，故在月干上寫上「官」字。

月支——月支寅，支中人元為「甲」、「丙」、「戊」，第一個字甲為陽木，日元陰金剋陽木，我剋，陰剋陽為正財，故第一個字為「財」字。第二個字丙為陽火，與月干相同，已知是正官，故在財字下面寫上「官」。最後一個字是戊，戊為陽土，陽土生陰金，生我，陽生陰為正印，故在最下面一個字寫上「印」。

日干——寫上「日元」或「日主」。

日支——日支巳，支中人元為「丙」、「戊」、「庚」，丙火剋陰金巳知是正官，故第一個字為「官」。第二個字戊土生陰金，巳知是正印，故第二個字為「印」。第三個字庚為陽金，與日元陰金為同類，因是陰陽相見，為劫財，故最後一個字為「劫」。

時干——與月干相同為正官，故在時干上寫上「官」字。

時支——時支申，支中人元為「庚」、「壬」、「戊」，庚在前柱已知道身分是「比劫」，故申字下第一個字寫上「劫」。第二個字為壬，壬為陽水，陰金生陽水，我生，陰陽相生為「傷官」，故第二個字為「傷」。最後一個字戊土，在前面已知道是正印，故最後一個字為「印」。

我們學了起八字、大運、多少歲起運和六神後，便可以把整個八字完整地起出來。

例如：男命　二〇〇九年西曆五月七日巳時出生

傷	日元	官	官
乙	壬	己	己
巳	子	巳	丑
才杀E	刃	才杀E	官劫印

51	41	31	21	11	1
癸亥	甲子	乙丑	丙寅	丁卯	戊辰

註：在日元的臨官位，我們一般會寫上「祿」字而不會起支中人元；而日元的帝旺位，我們則會寫上羊刃，簡寫「刃」。

例如：男命　二〇一〇年西曆六月八日辰時出生

劫	日元	財	傷
戊	己	壬	庚
辰	丑	午	寅
劫杀才	比才食	E比	官印劫

69	59	49	39	29	19	9
己丑	戊子	丁亥	丙戌	乙酉	甲申	癸未
74	64	54	44	34	24	14

六神性格

其實整個人的性格是由六神組合而成，又每一個六神都代表各種不同的生活細節，如用錢度、聰明度、脾氣好壞、朋友多寡等，皆會受不同的六神影響。又因命中除了日元外，尚有其他七個字，故每個人都容易出現多種性格。

事實上，天干是表面性格，是面具，即是你想別人知道和認識一個怎樣的你。地支是內心性格，是你真正的性格，而這通常都會藏在內心深處，只有自己或親人才得悉。然而，有些人甚至會連自己內心是甚麼性格也不知道，因為他們也給自己的外表性格騙了。

又孖生男女的性格也不一定一樣，因為每個人都由多種性格組成。加上從小到大的不同遭遇，都會令人有不同的發揮重點，又這點其實可以在相與掌中得到印證。

事實上，面相只是表面性格，就是同卵雙生、面相相似的雙生兒，其面相、掌紋有時也會出現很大的偏差，而這就是受到後天影響而形成的不同性格。

以下為六神之性格分析：

一、財

是觀察人用錢的大方向。

正財

花錢比較謹慎，事事計較。

偏財

花錢不小心，不懂計算。

再細心分析，如表面正財、內心偏財，即表示表面花錢很謹慎，但內裏其實不善理財。

財庫

即是財的墓庫。如金是財則丑是財的墓庫，火是財則戌是財的墓庫，有財庫的人才真正善於理財與積聚財富，而正財、偏財只代表花錢的態度而已。

如財藏地支人元之中，就代表愛儲蓄，但仍聚不到財。

二、官殺

官殺用以觀察一個人有否權力、地位、脾氣及決斷力。

正官

大多光明正大、要面子、介意別人看法，承受壓力的能力較低，但人不容易發脾氣，好正常生活。

七殺

剛強、硬頸、好勝心強，脾氣壞，決斷力強，泰山崩於前而面不改容，好酒色，愛夜生活，但如命格七殺過多則反而容易變得膽小怯懦。

官殺同現

官殺一個出現在天干，一個出現在地支，其實並無矛盾，只是代表其人的表面與內心性格不同。但官殺同時出現在天干或地支，則代表性格容易出現偏差，一時脾氣好、一時脾氣壞；時而決斷、時而優柔。又官殺混雜的人，行為每易出現偏差，有犯罪因子，故宜多加修養，以免行差踏錯。另外，官殺混雜的人，一生易為桃花所累。

三、食傷

食傷是個人智慧和藝術的表現。

食神

謙虛、溫和、內向多情、多愁善感，對歌唱、音樂等有才華，但不善有表情的演出，不是一個多才多藝的人。食神在感情方面較為被動，且容易自作多情，常想周遭的人圍繞着他，每天都期待着夢中情人出現，尤以女性為甚。

傷官

外向多情，多學少成，博而不精，言語快，少心機，愛表露自己，對表演藝術有天分，尤其精擅用表情來表演之演出，是一個多才多藝的人。

食傷同見

一個在天干，一個在地支只代表外在與內在性格不同。但如果兩個都在天干或同在地支出現，則代表性格會出現矛盾——時而悲觀，時而樂觀；有時喜表現自己，有時又謙虛溫和。

如滿局食傷，多至三個以上，則代表性格極端矛盾，思想容易出現問題，嚴重者甚至易神經錯亂。又食傷混雜的命，有藝術才華而無數學天分。

四、正印偏印

正印、偏印同為生我之物，但因陰陽不同而有所分別。正印為陰陽相生，既生而有情；偏印則為陰生陰，陽生陽，同性相生，既生而無情。得此格者，有愛之欲其生，惡之欲其死之象，不是過分愛錫，就是管教過嚴，像一個不懂得管教子女的父母，總是過猶不及。

正印

代表心地善良有人情味，愛面子，對宗教有偏好，覺得一切冥冥中自有主宰。

偏印

對神鬼、命運、天外來客、神秘百慕達三角等，都很有興趣，與正印的宗教信仰，甚至過於迷信有着很大的分別，因為偏印者在研究神秘的事物後，會自行加以肯定或否定，不會盲目迷信。又偏印主為人性格較為孤獨離群，尤以偏印在地支者尤確，而在月令者為甚。所以很多宗教家、哲學家、神秘學家，都給人怪異孤獨之感。

正偏印同透並無矛盾，只代表心地善良有人情味，又愛好研究神秘的東西，在地支者亦然。

但如正偏印過旺，就會把食傷制住，以致容易生活於自己的幻想空間，嚴重者甚至容易自閉或不善表達自己。

五、比肩劫財

在天干名為「比肩劫財」，在地支則可能是「祿」、「刃」或「比劫」。雖同為同我之物，但情況卻大不相同。

比肩劫財在天干

單純地照字面看，有些人或會以為「比肩」代表同聲同氣，於我有所幫助，而「劫財」則會劫奪我的財富。

事實上，比肩與劫財，性質是無異的——為喜時，則不論比肩劫財，皆於我有助；為忌時，則一生易為兄弟朋友所累。

性格方面，主動、樂於助人。

比肩劫財在地支

不論比肩、劫財或祿，皆代表硬頸固執，愈多者情況就愈嚴重。

六、羊刃

雖與劫財為陰陽相見，但情況卻大有不同。羊刃是五行去到最旺的時候，故有羊刃者，其人容易剛愎自用，而且脾氣不佳，固執，堅持己見。

以上性格只是單獨評論，因為還要配合整個八字來全盤觀看。例如食傷過多，但有印者，則可以制住食傷，使其思想納入正軌。官殺過旺，有食傷制伏則官殺不會剋我而反為我用。比劫過旺，如有食傷或官殺，則可使其固執化為堅毅，甚至能衝破困難而最終邁向成功，可見看法非常靈活。

但初學者只要記住每個性格的特點即可，多看自能融會貫通。

例如：

傷	財	日元	劫
庚寅	壬午	己丑	戊辰
官	印	祿	劫

我們分析八字時，地支最主要是看第一個字的性格，而其他潛在的性格，熟習後自會懂得取捨。

此命天干為傷官、正財、比劫，代表表面外向多情、樂觀、用錢謹慎及樂於助人，但內心則為正官、偏印、祿與劫。

正官代表為人光明正大，循規蹈矩，做事按步就班；偏印代表偏愛神秘學，尤以在月令為甚。而祿與劫皆代表硬頸固執，重見者更為嚴重。

第六章：干支之會合刑沖

干支之會合刑沖

八字斷事的方法不外乎天干之生剋制化與地支的會合刑沖。生剋制化簡單易明，但會合刑沖卻複雜得多，有沖中帶合、合中帶沖、合中有合、沖中有沖。當然，首先要把會合刑沖牢記在心。

天干五合

甲己合——化土
乙庚合——化金
丙辛合——化水
丁壬合——化木
戊癸合——化火

天干五合有如夫妻相合——甲為己之夫，己為甲之妻；乙為庚之妻，庚為乙之夫，正所謂異性相吸，但合不一定會化，如人結婚不一定會生仔一樣。故合是合，化是化，如丙辛化水一定要地支水旺才有化的條件。

註：其實已知合是不會化。如合日干，日干是己時干或月干是甲，稱之為「官來合我」，男性代表要面子、好求官；女性就代表愛丈夫或重視男人。至於日元是甲，月干或時干是己，則代表男財來合我，男性代表好財色或重視另一半，女性則代表愛財多於愛夫。如年月相合則代表互相牽制，兩失其用。

地支六合

子丑合——化土
寅亥合——化木
卯戌合——化火
辰酉合——化金
巳申合——化水
午未合——化火

地支之合是土在地上，太陽月亮在天上，春夏秋冬，木火金水依序而至。

地支之合同樣合是合，化是化，而這個合更無化的道理，故要牢記。

總之，地支之合是不會化的。

太陽　月亮

冬水	巳	午	未	申
秋金	辰			酉
夏火	卯			戌
春木	寅	丑	子	亥

土

地支三合會局

申子辰會水局	水**長生**於申**旺**於子**墓**於辰
巳酉丑會金局	金**長生**於巳**旺**於酉**墓**於丑
寅午戌會火局	火**長生**於寅**旺**於午**墓**於戌
亥卯未會木局	木**長生**於亥**旺**於卯**墓**於未

長生、帝旺、墓庫，正好是五行一生之過程的濃縮，故八字中有三合會局者代表這個五行在這個八字裏極為強旺。

除會局以外，尚有半會與掽拱。半會如申子、子辰，而半會水局，則能增加其力量。

另外，如申辰中欠「子」字，但「子」字仍掽於其中，亦有其一定之力量。

地支三合會方

即寅卯辰會東方木，巳午未會南方火，申酉戌會西方金，亥子丑會北方水。

會局與會方皆能增加該五行在局中的力量。不同的是，會局氣純，縱遇刑沖亦不容易沖散；而會方則氣雜，一遇刑沖便容易失去其力量。

又局有半會而方必要全會，若只見寅卯或卯辰則仍照正常看法去判斷，但如見寅辰，加上中間摙「卯」字，就仍可增加木的力量。

地支六沖

子午沖——等如水火交戰。
丑未沖——北方帶水之土與南方帶火之土交戰。
寅申沖——等如金木交戰。
卯酉沖——等如金木交戰。
辰戌沖——東方帶木之土與西方帶金之土交戰。
巳亥沖——等於水火交戰。

地支三刑

子卯相刑，寅巳申三刑，丑戌未三刑，辰見辰自刑，午見午自刑，酉見酉自刑，亥見亥自刑。

過剛則折，旺極則摧，此乃必然之理，刑即為此理。

例如：

巳酉丑　寅午戌
申酉戌　巳午未

金方會金局，橫看成相刑；火方會火局，橫看成相刑。

例如：

亥子丑　寅卯辰
亥卯未　申子辰

水方會木局，水旺生木而相刑，故亥與亥刑，子卯相刑，但丑未相沖比相刑力量更大，故納入沖中。

寅卯辰遇申子辰，水生木旺而相刑，故子卯相刑，辰辰自刑，但因寅申沖力量大於刑，故納入沖中。

地支六害（又名「六穿」）

子未相害，丑午相害，寅巳相害，卯辰相害，申亥相害，酉戌相害。

害與穿同，害等於子對未形成相害，未對子造成相害。因午與未合，見子則沖午而午不能與未相合，等於子害了未而使之不能與午合。

掌中法

六合——掌中橫對之位。

六害——掌中直對之位。

六沖——掌中交叉相對之位。

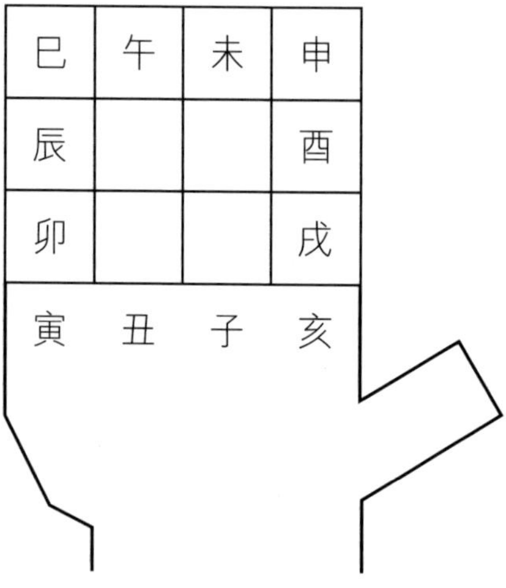

例如：

時	日	月	年
E	日元	印	食
甲午	丙子	乙丑	戊子
劫傷	官	傷官財	官

（年支子與月丑合，月丑與日子合，日子與時午沖）

年支子與月丑相合，月支丑與日支子又相合，時支午與日支子相沖。

例如：

時	日	月	年
劫	日元	財	傷
戊辰	己丑	壬午	庚寅
劫	祿	E比	官印劫

年支寅與月支午半會火局，日支丑與月支午成丑午相害，惟害的力量不大，不會影響到寅午之會，所以有時可不用理會。

會合刑沖解法

在八字支中有刑沖，俱非美事，然三合六合可以和解。

×		甲		×	×
戌	合	卯	冲	酉	×

如甲木生於酉月官星當令，而日支見卯則成卯酉沖；如時支有戌，則成卯戌沖。八字有貪合忘沖之說，這有如人之貪生怕死，故卯與戌合而減輕卯酉之沖。

又如時支見亥，亦因亥卯合而減輕卯酉之沖。

×	甲		×	×
×	卯	冲	酉	辰
				丑

再如年支見巳，巳酉相合亦能減輕卯酉之沖。

又或年支見辰或丑，亦能因辰酉合、酉丑合而減輕卯酉之沖。

				日元		
×		×		丙		×
申	合	子	刑	卯	合	戌
辰丑						亥未

又如丙生子月為正官，日支見卯且子卯相刑，而時支見戌、亥或未，皆與卯合而減輕子卯相刑。又或年支見申、辰或丑，皆可與子合而減輕子卯之刑。

八字又有二不沖一之說，如二子不沖一午，二卯不沖一酉，二寅不沖一申等。

例如：

丙		甲		丙		×
子	沖	午	刑	午		×

兩午一子，因子沖午其力不專，故有二午不沖一子之說。事實上，二午不但不可能不沖一子，而且還會加重其沖力，因夏天已火旺，火來沖水如夏天之微雨後，一見太陽，水便蒸發得煙消雲散。再多一個午則猶如加強太陽之力，讓水蒸發得更快。

另外，又有因沖解合、因沖解沖、因合解沖等。

因沖解合

因沖解合於月柱最為有力，其次日時，再次年月。

× × × ×
× 巳沖亥合寅

以上八字之年、月支寅亥本合，但因巳亥沖而解寅亥之合。

因沖解沖

× × × ×
寅沖申沖寅合亥

申沖月支的寅以致寅與年支之亥不能合，又因時支的寅沖日支之申，終令年月之寅亥得以相合，可見因日時之沖而能生月日之沖。

因合解沖

申×
子×
辰× 沖
戌×

日時辰戌相沖，但因年月日申子辰會水局而有力，以致戌沖辰而無力。

蘇民峰論會合刑沖法

其實合不能解沖，沖亦不能解合，合就是合，沖就是沖，而看法是先看年月，再看月日，再看日時，有沖即看沖，有合即看合，會因不同位置而產生不同的應事。

例如：

× × × ×
亥合寅沖申沖寅

此局月日相沖，日時相沖，月看兄弟與家庭，日看夫妻感情，時看子女關係，而此局月、日、時皆沖，代表整個家庭容易出現關係問題。

例如：

× × × ×
申合子合辰沖戌

此局年月日皆合，家庭關係應該不錯，但因日時相沖，故易因子女關係而引致夫妻不合。此局亦主命造與子女緣分較差，尤其在子女二十五歲前較容易分開。

另土代表腹部腸胃消化系統，土土相沖代表腹部腸胃消化系統易生問題。又年代表少年，月代表青年，日代表壯年，時則代表晚年，故此命中晚年後胃腸會較差。

第七章：五行及十干情性

五行情性

木——日干旺，主人有博愛惻隱之心，慈愷悌之意，濟物利人，恤念孤寡，性直清高，為人慷慨。

日干衰，主偏心性拗，嫉妒不仁。

火——日干旺，主人有辭讓端謹之風範，為人恭敬謙和，言語急速，性躁無毒，聰明有為。

日干衰，詭詐妬毒，言語不實，有始無終。

土——日干旺，主人言行相顧，忠孝至誠，好敬神佛，為人誠信，度量寬厚，處世有方（此日主：主不燥不濕），過旺則為人固執，愚拙不明。

日干衰，不通情理，狠毒乖戾，不得眾情，顛倒失信，慳吝妄為。

金——日干旺，性情英雄豪邁，仗義疏財，知廉恥羞惡，骨肉相應，體健神清，剛毅果決。

日干衰，慳吝貧酷，事多挫折（志），優柔寡斷，刻薄心毒。

水——日干旺，機深密慮，足智多謀，學識過人，詭詐多端。

日干衰，作事反覆，性情不定，膽小無謀。

日干旺而配合適宜——大致天性明白，遇事不逆，動心應機，言語聲高，豁達大度，臨事能斷，公平不疑，犯難不畏，平生不以財為吝，樂善好施，樂觀多動。

命入貴格而日干臨死絕——寡合城府深沉，多疑多慮，動拘禮節，修飾禮貌，常自我約束。

日干旺而配合欠佳或入賤格——性氣不常，不自約束，為事不顧危亡，好爭鬥而恃強凌弱，親近惡黨，不事家業，防不得善終。

日干弱而配合欠佳——為性淫邪，動心偽巧，舉動虛詐，專弄言詞，性好自誇，臨事無斷，少是多非，一生難有所建樹。

十干性情

甲木——有進取心，個性堅強而有骨氣，心地仁慈，缺乏敏感與應變能力。

乙木——有發展野心，表面謙虛，但內心佔有慾強，反應靈敏，善於見風轉舵。

丙火——急躁，善於工作而不計較得失，心地光明無機心。

丁火——溫和消極，重犧牲，不與人爭，富有同情心，多疑。

戊土——沉實穩重，信實無欺，重名譽，為人呆板。

己土——內聚，多才多藝，能伸能縮，做事精明，多變。

庚金——金剛銳，強硬豪爽，具俠義心，好勝，愛出風頭。

辛金——溫潤，秀氣，重感情，愛面子，乏自勉力。

壬水——樂觀，外向，熱情，善於把握機會，雖聰明卻縱慾任性。

癸水——平靜和緩好幻想，重情調，有耐心。

註：其實以上資料，只可作為參考，因我們從六神已能詳盡分析個人之表

面性情與內心性格。但因古代論命時，只論財官，少論性情，往往不着重個人的性格分析，而只以運程作為依歸，結果忽略了一個人的成敗得失，亦會因性情而有所偏差。

事實上，即使家財萬貫，但如性格出現了偏差，亦將無所得其用，最多只是一具衣食豐裕的走肉行屍，對社會、人類，甚至自己都沒有貢獻。但如能找出性格的缺點及可能出現的偏差，並使其歸於正軌，自能在行運之時勢如破竹；就是在逆運時，亦不會做出破壞社會的行為。故不論貧富，最重要有一顆平衡的心。

其實，即使發現命中出現食傷混雜、官殺混雜或其他問題，但只要知道根源，着手想辦法去解決，則即使不一定有完美的人生，也最少能夠較輕鬆地度過每一天。

五行總論

論木

春木

春木當分三個時節而論，也就是初春、仲春與季春。初春一月之時，氣候依然寒冷，冬季之餘寒仍在，加上溶雪之時，陰濃濕重，必要太陽照耀，驅去嚴寒，樹木方有生長之象。如初春用水去生木，反而會損害其根，以生為剋，故初春之時最需要者為丙火。

仲春二月之時，陽氣漸壯，以水火並用為宜，但水在二月為死地，必以金生之為佳。二月木旺之時，最宜丙丁洩秀，名為「木火通明」，故木生二月以水火既濟為佳。

季春三月之時，陽氣日盛，必以水滋潤木，木方有生長之象。然辰為水庫，月令已有水氣用，故木生三月，即使別支無水，然月令有水，用在月令，其格局亦不會太差。又暮春三月，月令為厚土，最宜木疏土，惟日元屬木，即使別支無木亦無妨。

夏木

三夏火旺之時，不論四、五、六月，木皆有乾枯之象，故最需要者為水。然三夏火旺，無源之水容易乾涸，故必要以金來生水。雖然金能剋木，但夏天火旺之時火旺金溶，故金不剋木，僅用以生水而已。夏天用金不可無水，用水亦不可無金，因金來生水，水制火而護金，為互相牽制，互相取以為用。即使局中無水生木制火，不得已而用土，亦宜以辰丑濕土，方能洩火生木，畢竟戌未燥土，只能焚木，故三夏之木，最需要者為水，以金生水。

秋木

秋木淒涼，形漸凋敗，三秋金神秉令，木在絕胎養之時，必為旺金所剋，然書云：「生木得火而秀，死木得金而造。」因秋月之時，果已成實，必須得剛金（庚金）以修削。

初秋之木，初秋剛由盛暑轉來，暑氣猶在，然申月金水同行，只要干透壬癸，即為絕處逢生，再配以一點點火或乾土便成可用之木。

仲秋，秋至八月，蕭殺之氣更盛，而木則生氣內歛，表面毫無生機，用水只會損萎其根，故只能用火制金，以金削木，為庚金、劈甲、引丁，即用斧頭劈碎樹木，再用樹木生火鍊金，三者相互為用。

暮秋，暮秋九月，寒氣漸進，然月令帶火，能夠去其寒，故宜以金削去木之果實及多餘之枝葉，待春天再度萌芽生長。

冬木

冬月之木，盤屈在地，雖然木長生於亥月，但轉瞬嚴冬，故冬木有長生之名，無長生之實，而冬木水旺，水旺則木漂，故冬木最需要者為火，以火暖木，其次為土，以土制水，但亦只宜乾土，不宜辰丑濕土，因水遇濕土為濕泥恆凍，毫無生機可言。

再論甲乙

甲木參天，脫胎要火，春不容金，秋不容土，火熾乘龍，水蕩騎虎，地潤天和，植立千古。

甲木為陽木，為喬木，有參天之勢。秋冬之時，最需要火，方能溫養；初春之時，得火方能發其燄。「春不容金」者，初春木嫩，不宜用金，仲春季春木旺，木堅金缺，金亦無所用。「秋不容土」者，秋土氣寒，力盡洩於金，而虛土遇而下攻之木，必為木所剋，故秋不容土。「火熾乘龍」者，支中寅午戌成火局，干透丙丁為火旺木焚，支中必有辰，辰為水庫，能洩火生木。「水蕩騎虎」者，支中水旺申子辰會成水局，干透壬癸，支中必要有寅，寅為木之旺地，火土長生，能納水而不致水旺木漂。「地潤天和，植立千古」者，只要配合適宜，樹木自能千秋萬代地生長。

乙木雖柔，刲羊解牛，懷丁抱丙，跨鳳乘猴，虛濕之地，騎馬亦憂，藤蘿繫甲，可春可秋。

乙為陰木，其氣內斂，無過旺過弱之象。「刲羊解牛」至「跨鳳乘猴」者，意思是乙木生於申酉月為絕地，但只要地支有丑、未，丑中有水，未中有木，即地支只要有微根，而天干透丙或丁，便能制金而為上格。「虛濕之地，騎馬亦憂」者，支中皆濕土與水，即使地支見午，亦無所用，必要見巳或丙方能生發。「藤蘿繫甲，可春可秋」，意謂天干甲木透出，乙木可以依附甲木而生長，春天亦可，秋亦無妨，代表四季皆宜也。但這其實只是理論而已，因乙木見甲木為比肩，而比肩在命中有喜忌之分，為喜則有幫助，為忌則反為負累，且女命見比肩，不管喜忌，總是壞處多於好處。

真神

真神分為日主真神與月令真神兩種。日主真神不論何月皆一樣，而月令真神則以月令為主，又不論何種天干，分別不大。

甲木真神——庚、丁

甲木見庚丁為「庚金劈甲引丁」，不論生於何月，皆為甲木之真神。但真神不一定是用神，惟命帶真神，格局將能有所提升。如真神剛好是用神，則必為貴格。

乙木真神——丙、癸

乙木不論何時皆離不開丙、癸。丙為太陽，癸為雨露，乙木只要有太陽照暖，雨露滋潤，則春、夏、秋、冬皆能生長。然二月至六月其重在癸，七月至一月其重在丙。而乙木不論生於何月，只要天干透出丙癸，必能成貴格。

月令真神

一月——初春尚餘寒氣，必須丙火照暖，萬物方有生長，故生於一月干透丙火為月令真神得用。

二月——無特別真神。

三月——三月土旺，以干透甲為真神。

四月、五月、六月——皆以癸水出干為真神，次者為壬。

七月、八月——以干透丙火為真神。

九月——九月土旺，以甲木透出疏土為真神。

十月
十一月 }水旺氣寒之時，必以丙火透出為真神，丁火次之。
十二月

論火

春火

春月之火，母旺子相，勢力同時而至。五行之氣，水火而已，因火生於寅，水生於申；春月之木火同行，秋月之金水同行，皆為真長生，勢力並行，旺氣同時而至。

但木生於亥，轉瞬嚴冬，雖生而無力；金生於巳，但巳月火旺，雖生猶死；土寄生於寅、申，惟寅月木剋土，申月金洩土，故皆無力。因此，五行長生只陰陽而已，而陰陽即水火矣。

第七章 五行及十干情性

初春

初春餘寒未盡，但因寅為木之旺地，火之長生，即使別支並無比助，火之力亦已不弱，如別支再見，可作旺論。遇水有木洩之，遇金力能剋之，為身財兩旺，惟最忌者見土，尤其是戊土，因火不忌水剋，獨忌戊土晦火。五行見食傷者皆代表思想流通，惟火見土之食傷不秀，獨難言聰明。己土猶可，戊土必忌。

仲春

陽氣漸壯，宜水去潤澤，尤其丙火獨愛壬水。丙為太陽，壬為湖海，壬丙相見而為日照湖海，有光芒之象，必為貴格，而丁見壬癸亦能起調和氣候之功。

季春

季春土旺當令，必以甲木疏土，然後水來滋潤則萬物生矣。見金，火能剋之，財為我用，富格。

夏火

三夏火旺之時，炎滅燥烈，爍石流金，如無水制，見木則自炎，見土則火炎土燥萬物不生，見金則火旺金熔，故夏月之火如無水則無所用，即使用濕土洩火，亦非上格。

秋火

秋月之火，性息體休，猶如太陽過午，將近黃昏，餘光雖猶照耀，惟無復炎烈之威。宜見木，有復明之象；忌見水，難免殞滅之災；見土則洩其氣；見金則無力剋之，富屋貧人，無用。見比肩能助力，故秋月之火，最宜木火同旺，因能駕馭月令之財，財為我用，必為富格。如干透壬水，則富貴俱全。

冬火

冬月之火，體絕形之，火至冬令為絕地，即使見木亦只為絕處逢生。然無比助，則濕木亦無所用，故冬月之火，最需要比肩扶助，再扶之以木，以木來生火，火來暖木，方為有用之火；見金，無力剋之，且金之氣盡洩於水，轉而剋火；見土，辰丑兩土為凍土，濕泥恆凍，無用可言，即使戌未火土，如別支無助，亦難以發生。雖云冬至以後一陽復來，小寒之後，氣進二陽，但其陽氣有其名而無其實，終究三冬水旺，唯木火可以相助而已。

再論丙丁

丙火猛烈，欺霜侮雪，能鍛庚金，逢辛反怯，土眾成慈，水猖顯節，虎馬犬鄉，甲來成滅。

丙為陽火，「五陽之陽丙為最，五陰之陰癸為至」，故丙火為陽中之陽，有除寒解凍之力，是以「欺霜侮雪」，「能鍛庚金」者。丙火見庚金，陽剋陽，既剋而無情，力能置庚金於死地。「逢辛反怯」者，丙火剋辛金，為陽剋陰，既剋而有情，且丙為辛之夫，辛為丙之妻，夫妻相見，與庚金見丙火大有不同。「土眾成慈」者，如局用無水，用濕土（己土）洩火，自能使其歸回正軌。「水猖顯節」者，壬水也，丙火不忌壬水，壬為丙為七煞，惟丙火不怕強暴，故能顯其節氣。「虎馬犬鄉，甲來成滅」，支中寅午戌會成火局，天干甲木透出，火勢必然太過，火旺木焚，同成灰燼。

丁火柔中，內性昭融，抱乙而孝，合壬而忠，旺而不烈，衰而不窮，如有嫡母，可秋可冬。

丁火為人間之火，有文明之象。「抱乙而孝，合壬而忠」兩句用以增強意思，可以不理。「旺而不烈，衰而不窮」，是陰干的特性，又豈止丁火而已，其他各陰干也一樣，意思是不怕過弱，亦不怕過旺。「如有嫡母，可秋可冬」者，意思謂，天干甲木透出，丁火便見生機，即使遇上秋冬陰寒之時，亦有可用而言。

丙火真神

不論生於何月，天干壬水透出，皆為壬丙相輝，日照湖海。惟生於四、五、六月更佳，必為貴格。

丁火真神

庚金、劈甲、引丁，為一個組合。然而，甲要見庚丁，丁要見庚甲為不易之理，而丁火見庚甲，就必為貴格。

月令真神

一月——干透丙火
二月——無
三月——干透甲木
四月、五月、六月——干透壬水
七月、八月——丙火
九月——干透甲木

十月
十一月
十二月 } 丙火

因壬水在四、五、六月皆以見壬水為月令真神，而丙火亦以壬水為真神，故四、五、六月丙火見壬水為雙重真神得用，格局更佳。

論土

五行之土，散在四維，而木火金水皆賴土而生，木無土則不能培其根，火無土則無所歸，金無土則無所生，水無土則不能止其流，故土能終始萬物，春夏秋冬皆有土之存在。

春土

生於春天，其勢虛浮，土雖附火長生於寅，但因一月木旺，木旺自然土虛，故土在一月有長生之名而無長生之實，其氣虛浮，乃春土之性也。

春土見火最為有用，火亦長生於寅，只要天干透火，自能洩木生土，為殺印相生，體用同宮，必為貴格。最忌者為水，虛土無力剋水，則水之力洩於木，轉而剋土。遇金則洩土之氣，而成剋洩交加，更無所用，故初春、仲春無火則土無所用。但季春土旺當令，且轉瞬炎夏，火氣漸壯，土氣難免過旺，宜以甲木疏土，如無木則宜金洩之。

夏土

三夏火旺，土得旺火所生，其勢更盛，然三夏火炎土燥；如無水則亢旱焦坼，萬物不生；遇木則增其燄，火勢更烈，其必要者為水，有水方能制火潤土以生萬物。然無源之水易涸，更要金助之，毋取乎洩，以之助水而已。故三夏之土不能離水，無水則無用可言。

秋土

秋月之土，子旺母衰，三秋金神秉令之時。子旺，母氣自衰，見水無力剋之為財多身弱，富屋貧人。見木，三秋金神秉令，而木在死絕之時，無力之木不能剋土，必要者為火，其次者為土，木生火而火生土或火土相資皆能成局。火土相資為食傷配印；木生火、火生土為殺印相生，又不論何者皆以干透丙火為喜，尤其戊土，干透甲丙為殺印相生，必為貴格。

但土至九月為當旺之時，且戌中藏火，自可暖土生金而成食傷配印。

冬土

冬月之土，唯喜火溫。三冬天寒地凍，為萬物收束之時，必賴火溫，土脈溫暖，萬物始有生機可言。寒谷回春，必須助之以火。

冬土有火，見金為土金傷官配印；見水，為財多用印；見木為殺印相生，皆有其用。

四季月土之性質

辰、戌、丑、未皆為土主旺之月，然最旺者為未土，因未月有旺火生之，次者為戌，戌中帶火能暖土、生土；再次者為辰，辰中雖有木來剋土，然暮春火氣漸壯，土氣自旺；最弱者為丑，丑內藏金水，金能洩土，而水則當令，三冬水旺而土弱，如河中之一束沙石，隨水而流，無用可言，故有時冬天遇丑，可作旺水看待。

再論戊己

戊土固重，既中且正，靜翕動闢，萬物司令，水潤物生，土燥物病，若在艮坤，怕沖宜靜。

戊為城牆厚土，其勢厚重，土在中央，散之四維。「靜翕動闢」、「若在艮坤」與「怕沖宜靜」，言土在辰戌丑未暮庫之月宜動。艮坤者，寅申也，寅申為土之長生，方生之氣，宜靜不宜動。故書云：「生方怕動庫宜開。」且辰戌沖、丑未沖，土只會愈沖愈旺，與方生之氣不同。「水潤物生，土燥物病」乃一定之理，不用多作解釋。

己土卑濕，中正蓄藏，不愁木盛，不畏水狂，火少火晦，金多金光，若要物旺，宜助宜幫。

己土為田園濕土，能生長萬物，可培木之根，令木能盤根而生長。水旺則隨水而流，然後再匯成沙州。濕土能洩火氣，濕土亦能生金，不似燥土會脆金。己土卑弱，最需要者為丙火照暖，然後再有癸水滋潤則萬物可生。

戊土真神

甲木疏土，丙火照暖，癸水滋潤，三、九月以土為先，三夏以癸為先，秋冬以丙為先。

己土真神

丙火、癸水、己土為濕土，不必用甲木疏劈，自能養育萬物。火旺時先用癸水，氣寒時先用丙火。

月令真神

一月——丙火
二月——丙火、癸水
三月——甲木、癸水
四月、五月、六月——壬水、癸水

七月、八月——丙火為先，再用癸水
九月——甲木、丙火
十月、十一月、十二月——丙火

論金

春金

金至春月為死絕之時，性質柔弱，最要土來生金，金來助金，惟初春餘寒猶存，土寒金凍，無用可言，必須配之以火，方成有用之金。水旺，金則沉潛無用；木旺，則弱金未能剋之，反為木所剉，故春金必扶之以土金，然後再配以火，故春金不易取其用。

夏金

金雖長生於巳，惟有長生之名，而無長生之實，因三夏火旺，無生金之理，然三夏火中藏土，有土阻隔火亦不容易剋金。三夏火土同旺，扶之以水，水能潤土生金，然薄土能生金，厚土卻埋金，無用可言。見木，木生火而剋土最忌，總之三夏最不能缺少者為水。

秋金

三秋金神秉令，有寒肅之象，萬物遇之而摧毀，再助之以金，反而過剛，過剛則折，乃一定之理。最利者見水或火，庚金喜丁火鍛鍊，甲木生火，辛金則喜壬水洗淘，見木可以施工，見土則反惹頑濁之氣。

冬金

冬月之金，形寒性冷，萬物至寒冬，皆無用可言，又金體本寒，再遇寒肅之氣，有水冷金寒之象，再遇水未免有沉潛之患。最喜者為土，以火來生土，土來制水護火，相互為用。見木，木在三冬無用可言，惟木能生火，以增其燄，溫土以生金，故三冬者不能無火。又火土相生，官印相生，最為上格。

再論庚辛

庚金帶煞，剛健為最，得水而清，得火而銳，土潤則生，土乾則脆，能贏甲兄，輸於乙妹。

庚乃秋天寒肅之氣，最為剛建。「得水而清」者，如無火制則宜用水流通其氣；「得火而銳」者，金必以火冶鎔成器，頑金無火，徒勞無用。「能贏甲兄」者，庚金剋甲木，陽剋陽，既剋而無情。「輸於乙妹」者，庚與乙相合，且為夫妻之合，既剋而有情。

辛金軟弱，溫潤而清，畏土之疊，樂水之盈，能扶社稷，能救生靈，熱則喜母，寒則喜丁。

辛金為人間珠玉之金，溫潤可觀。「畏土之疊，樂水之盈」者，金忌燥土埋金，最喜壬水清淘，為金白水清。「能扶社稷，能救生靈」，可以不必理會。「熱則喜母，寒則喜丁」，亦不太說得通，因「熱則喜母」者，火旺之時喜濕土洩火；氣寒之時，不論丙丁皆同宮。雖然辛金見丙火而相合，但不會化為水，且官來合我，如為用神必上格矣。

庚金真神

甲木、丁火，為庚金劈甲引丁，甲丁全者，必為貴格。

辛金真神

壬水、辛金喜以壬水洗淘，為金白水清，亦貴。

月令真神

一月——丙火
二月——無一定
三月——甲木

四月 五月 六月	壬水
七月 八月	丙火
九月	甲木
十月	
十一月 十二月	丙火

論水

春水

生於初春，性濫滔淫，初春之時，餘寒猶存，水之餘威猶在，必須助之以火，使其溫暖。再扶之以土，使其納於正軌。最忌者見水，初春水暗旺，再見水恐有崩陽之勢。見金者，金生水旺亦無用可言，見木，旺木洩水亦必要火土配合方為有用。

水至二、三兩月，陽氣漸壯，必以金來生水，水來比助。如無金水配合，見火見木，唯恐洩氣過盛，見土則成剋洩交加。

夏水

夏月之水，復性歸源，三夏之時水為絕續之交，形體俱滅，必以金水生扶，方為有用之水。火旺則速其乾涸，見木則助火，見土則官殺攻身，三夏之水只能生助，不能剋洩。

秋水

大地之氣，水火而已。水至秋月，母旺子相，金水同行，為金白水清，見木則洩其秀氣；見火則能任財；見土則殺印相生，皆可為用。惟水勢過旺之時，仍可用土，使其納於正軌，不至徙流潰散。

冬水

冬月之水，得令當權，水至冬令，雖當權得令，但冬水氣寒，水行地中無用可言，必須扶之以火，方能起既濟之功。即使水旺用土制之，如無火，亦如冰結池塘，其用不顯；見木，水寒木凍，無火暖木，濕木亦無所用，水旺木漂，兩失其用；用金則增其寒，水冷金寒，更見淒涼。故三冬用土用木，皆不能無火。調和氣候，最為重要，其他緩而約用。

再論壬癸

壬水通河，能洩金氣，剛中之德，用流不滯，通根透癸，沖天奔地，化則有情，從則相濟。

壬為陽水，乃大川大海之水，長生於申，申為天河之口，故中國山川皆由西北流向東南，是以西為百川之源，周流不滯。「通根透癸」，因水勢強旺，故「沖天奔地」，必有土制之或木洩之，使其納入正軌。「化則有情」者，丁壬合而化木，木能洩旺水之氣而有情。「從則相濟」者，夏月火旺水絕而成從火格，本身為水，即使從火亦有潤澤之功。

癸水至弱，達於天津，得龍而運，功化斯神，不愁土火，不論庚辛，合戊見火，化象斯真。

癸為陰水，為雨露霧水，其勢雖弱，但能化育萬物。「得龍而運」者，天干五合若逢辰位，為化神原神透出，如甲己化土，至辰為戊辰，戊癸化火至辰位為丙辰，如天干透火，此謂之化神原神透出。「不愁土火」，此乃陰干之特性。不獨癸如此，乙、丁、己、辛皆如此，因陰干不怕過弱。「不論庚辛」者，其實要綜合全文來解釋——前句「得龍而運，功化斯神」及後句「合戊見火，化象斯真」，主要用來解釋化格。因古代有從、化之格，因本身五行弱而無用，有隨其他五行而化之，隨過旺的五行而從之，日後自會有解釋，現在可以先不理會。

壬水真神

丙火，見丙為日照湖海，氣象萬千。

癸水

無一定真神可以取盡。

第七章 五行及十干情性

月令真神

月份	真神
一月	丙火
二月	無
三月	甲木
四月、五月、六月	壬水
七月、八月	丙火
九月	甲木
十月、十一月、十二月	丙火

第八章：旺強衰弱與用神之取用法

旺強衰弱

旺者——從時令而言，當令者為旺，如春令木旺，夏令火旺，秋令金旺，冬令水旺。
強者——印比重疊而有力，雖不一定當令，但力量亦不差。
衰者——失時為衰，如春金，夏水，秋木，冬火。
弱者——雖當令，但其他六干支皆剋洩。儘管日元當令，卻不堪剋洩而無力。

事實上，看旺弱時，最重要是看地支是否通根——祿（臨官）、刃（帝旺）為最旺，其次長生，再次為餘氣（衰），最弱為墓。但即使地支一墓庫，亦比天干之比劫為強。

分析法

例一：

財	丙	戌	杀
劫	壬	辰	杀
日元	癸	巳	財
傷	甲	寅	傷

（戌辰沖）

以上八字以木、火、土、金、水去分析其旺弱，而分析之法以月令地支最為有力，其次為時支，再次為日支，最弱為年支，而天干必須見地支有同類或有生自己的五行才有用，因為只有天干一個單獨的五行，其力會弱至無用。

木——以上八字，時柱甲寅，甲坐寅而有力，月令之辰亦為木之餘氣，且寅卯辰月為木當令之時，故木在這個八字相當有力。

火——年柱丙戌，戌為丙的墓庫，有一點力，而日支為巳火，丙的臨官，為有力之根，又時支寅木亦為火之長生。且農曆三月，火旺進氣，火以暗旺，故火在這個八字裏的力量也不弱。

土——天干雖不透土，但年月支皆為土之祿旺，加上巳火生土，巳內亦有土，寅為土之長生，而內亦藏土，故在這個八字裏頭，土為最旺之五行。

金——八字天干無金透出，只年支戌土藏金，日支巳火藏金。惟年支戌土藏金，其力不顯，而巳中之庚金為旺火所制亦無力，故金在此八字中其力不顯、其用不彰。

水——日元為水，月透壬水，月令為水之墓庫，本不太弱，惟年支戌與月支辰相沖，土土相沖，動而制水，故水在此局，其力只比金大一點，但仍為弱水。

全局分析——我們得出木、火、土、金、水之旺弱以後，便可將日元一類與生日元之五行歸於一類，然後把財、官殺、食傷歸於一類。如印比與食傷、財、官殺比較，明顯弱很多，就宜以幫扶日元為用神；相反，如印與日元過旺，食傷、財、官殺弱，則以食傷、財或官殺為用。以上八字明顯印劫過弱，故以印劫（金水）為用神。

計分法

以上方法為分析法，但要學八字一段時間才容易分析得準確，初學者不容易掌握。

所以，我發明了計分法，以作初學者入門之用。

例一：

5	5	5	5
丙	壬	癸	甲
戌	辰	巳	寅
25	100	50	75

天干每個字為5分；月支本氣即土有100分；時支本氣木有75分；日支本氣火有50分；年支本氣土為25分，另支藏人元有那位置的五分一分。

5	5	5	5
甲	癸	壬	丙
寅	巳	辰	戌
甲75	丙50	戊100	戊25
丙15	戊10	乙20	辛5
戊15	庚10	癸70	丁5

如月令辰，支中人元為戊乙癸，戊為土的本氣，故土有100分，而其餘乙及癸則各有20分。又如時支寅，內藏甲丙戊，甲為本氣有75分，丙戊為支藏，則各有15分。日支巳藏丙戊庚，丙為本氣有50分，戊庚為支藏有10分。年支戌藏戊辛丁，戊為本氣有25分，辛丁為支藏則各有5分。

此外，生自己的五行如在本氣位置則加三分一分，但支藏人元不能加分，又自己並無明露而只暗藏在地支之內，亦不能加分，如此局無明金就是。金只藏在戌裏面，故土的分不能加給金，金在全局只得5分。相反火本身年干有5分，年支有5分，時支有15分，日支火本氣有50分，故火在此局自己已有75分。但因全局木之本氣有80分，80分之三分之一為26、27分，算他26分好了，故火加上木給它的分，一共有101分。

其他五行計法亦如此，現將各五行之旺弱評分列出如下：

木——時柱有80分，月支藏有20分，另水之本氣在月干、日干共10

分，三分之一即3分，故木在此局應為木本氣100分加上水之3分，共為**103**分。

火——年柱10分，日支50分，時支15分，共75分。另木本氣有80分，三分之一分大概26分，故火在此局為75＋26分，共**101**分。

土——年支25分，日支100分，日支藏有10分，時支藏有15分，共150分。再加上火之本氣，即年干加日支共55分，三分之一分大概為18分，故土在此局為150＋18分，共**168**分。

金——年支藏金有5分，但因全局無明金，故土雖旺卻不能生金。所以金在此局只得**5**分。

水——月干5分，月支20分，日元5分，共30分。但因全局無明金，又支藏的金不能生水，無法加分，故水在此局只有**30**分。

分類

印比（金水）——印有5分，日元比劫有30分，加起來共35分。

食傷、財、官殺——木103分，火101分，土168分，共372分。

此局印比共35分，食傷、財、官殺共372分。由於此例強弱懸殊，所以簡單易明，但當強弱勢均力敵時，就容易出現判斷上的偏差。

強弱分界

現在把強弱的分界線定出如下：

20分——極弱。如日元加上印只有20分以下，可能弱不可扶，古代會定為從、化之格。

20分至50分——弱

50分至80分——不弱

80分至150分——旺

150分以上——極旺

例二：

分析法

杀	杀		食
辛	辛	乙	丁
未	卯	未	亥
才	祿	才	印

木——此局乙木日元生於二月建祿之時，日元當令而旺，且亥卯未三合木局，其餘之未日亦藏木，故木在此局為極旺。

火——時干透火，通根於兩未，且三春木旺生火，滿局皆木，故火在此局亦算暗旺。

土——年、日支皆為土，雖有旺木剋土，但土在此局仍不太弱。

金——年、月干金透出，有兩土生金，金亦有其力量。

水——時支亥水，雖有金生，但因亥卯未旺木洩水之氣，故水在此局僅比金旺一點而已。

全局分析——此局水木與火土金皆有力，故日元與用神均不用幫扶，結果取用之時會出現偏差，人言人殊。但正常看法是身殺兩停宜制殺，故一般算命辦法是用火來制金，為食神制殺格。

計分法

5	5	5	5
丁	乙	辛	辛
亥	未	卯	未
亥	己50	乙100	己25
壬75	丁10		丁5
甲15	乙10		乙5

木——日干木有5分，月令100分，年支藏5分，日支藏10分，時支藏15分，共135分。再加上水有75分，其三分一分為25分，故木在此局為135＋25，共**160**分。

火——時干火有5分，年支藏有5分，日支藏有10分，共20分。加上木在月令為100分，日干為5分，105之三分一分為35分，20＋35為55分，故火在此局有**55**分。

土——年支土為25分，日支土為50分，共75分。加上時干之明火為5分，五分之三分算他為2分，75＋2共**77**分。

金——年月透出之金共10分，土為75分，土生金之三分一分為25分，故金在此局為**35**分。

水——水在時支為75分，金為10分，10分之三分之一為3分，故水在此局為**78**分。

我們從以上計分法得知：

木——160分

火——55分

土——77分

金——35分

水——78分

從以上計算法得知水加木為238分，火土金共167分。相差在100分以內，代表強弱相差不太遠，如相差150分以上，則為強弱明顯。

從以上計分法的例子當可知道，此法與分析法不會相差太遠。

例三：

分析法

官	劫		食
壬	丙	丁	己
戌	午	亥	酉
傷	祿	官	才

火——此局丁火日元得祿於午，與年之戌成午戌會火。月干丙火透出，命中丁火乘旺。

土——午月火土同行，年支戌土，時干己土透出，土在此局不弱。

金——時支為金，年支戌中藏金，又有土去生金，雖生於午月火旺之時，惟金亦有其力量。

水——日元自坐亥水，時支金來生水，水亦不弱。

木——此局只有亥中藏木，加上並無透出，故不能在局中生起甚麼作用。

整體分析——命格屬火，生於三夏火旺之時，必以金水為用。局中金水皆得地而有力，局成水火既濟，佳局也。

計分法

己酉	丁亥	丙午	壬戌
5	5	5	5
辛75	壬50 甲10	丁100 己20	戊25 辛5 丁5

火——日元屬火在天干有5分，月令為火100分，年支戌中藏火5分，月干火透出5分，共115分。由於無明木不能生火，故仍為**115**分。

土——時干己土5分，年支戌土25分，月令午火藏土20分，共50分。而局中明火有110分，三分一分大概是36分，故總分為50＋36，共**86**分。

金——時支金為75分，年支藏金為5分，共80分。明土為30分，三分一分為10分，80＋10共**90**分。

水——日支水為50分，年干水為5分，共55分。明金為75分，三分之一分為25分，55＋25共**80**分。

木——全局只有亥中藏木10分，由於無明木，水不能加分給木，故木仍為**10**分。

我們從計分法得出：

火——115分

土——86分

金——90分

水——80分

木——10分

從以上計分法得知，木加上火為125分；土、金、水共256分，因土、金、水之分加起來大於100分，故整體為土金水較旺，木火較弱。究其原因，在於三夏火土同旺，火旺故土亦旺。加上金水之剋，火成剋洩交加，旺中變弱。

判斷此八字時，不論用分析法或計分法都會出現相同問題——有人會判斷午戌會火，月干透火，火旺而用金水；有人則會判斷，丁火雖當令，但三夏己土透出可以洩火，而土亦通根於月令，且年支又為土，加上金生水，水剋火，丁火當令終因剋洩交加而轉弱，反而以木火為用。

這就是傳統八字的問題——捉錯用神。事實上，如用神錯則整局之判斷皆錯。但學習我的寒熱命時，還是要先經歷這些傳統八字所出現的問題，以作為學習的經驗，然後再進階至寒熱命。

例四：

分析法

傷	壬	申	劫
傷	壬	子	食
日元	辛	亥	傷
傷	壬	辰	印

金——此局辛金日元通根於申，時為辰土生金，金不會太弱。

水——天干年月時壬水透出，月令為水，日元自坐亥水，年支申、時支辰，與月令申子辰三合水局，水極旺。

木——亥中藏木、辰中藏木皆無力，木極弱。

火——五行欠火。

土——時支為土，年支藏土，但水旺土蕩，雖有土而力弱。

全局分析——此局辛金日元生於子月，申子辰三合水局，日元自坐亥水，年月時干壬水透出，水極旺，而此局在選取用神時亦容易出現爭拗。有人會判斷此局為從水格（即從兒格），因時辰雖然有土生金，但因申子辰會水局，故認為申與辰皆化為水，滿局皆水，不得不從。而且有說，「陽干從氣不從勢，陰干從勢無情義」，意即陰干只要一方勢大，則不管有沒有根氣，只要根弱皆可從。另一方人會說申子辰雖會水局，但辛金通根於申與辰，土金不弱，不可能從，為正格而用印劫。

計分法

5	5	5	5
壬	辛	壬	壬
辰	亥	子	申
戊75	壬50	癸100	庚25
乙15	甲10		壬5
癸15			戊5

金——日元屬金5分，年支金25分，明土75分，三分之一為25分，30+25共**55**分。

水——天干三個水為15分，月令水為100分，日支水為50分，年支藏水5分，時支藏水15分，水共185分。明金有30分，三分之一為10分，故水共**195**分。

木——亥中藏木10分，時支藏木15分，因無明木，水無法生之，故木為**25**分。

火——**0**分。

土——時支土為75分，年中藏土為5分，共80分。因局中無火，無法生之，故仍是**80**分。

我們從計分法得出：

金——55
水——195
木——25
火——0
土——80

從上例得知土與金共135分，水、木、火共220分，其相差僅為85分。但從實際分析，則此局日元極弱而水極旺，但不論用何種計分法，要用傳統方法去判斷此八字皆不容易。

註：計分法的作用是幫助學習八字的人熟悉每個位置所佔的強弱不同，讓你得知例如火多不等如火旺，如天干四火同透，分數只得二十分，其力不如一長生、祿、刃，又火少亦不等如火弱，如月令巳午火，火已算旺，再加其他三支有火，可作極旺論。

定格局

格局從月令而出，如甲生寅月為建祿格，乙生巳月為傷官格，丙生申月為偏財格，我們試以甲木為例，列出十二個月為何種格局。

日	月	格局
甲	寅	建祿格
甲	卯	羊刃格
甲	辰	偏財格
甲	巳	食神格
甲	午	傷官格
甲	未	正財格
甲	申	七殺格
甲	酉	正官格
甲	戌	偏財格
甲	亥	偏印格
甲	子	正印格
甲	丑	正財格

取用神

我們得出格局後，便可以着手找用神了。傳統八字找用神的途徑有一、扶抑日元；二、扶抑用神；三、通關；四、病藥；五、調候。以上五種為普通格局之用神取用法，其他還有「從強」、「從旺」、「從勢」、「從兒」、「從財」、「從官殺」及「化格」等。

一、扶抑日元

旺者宜剋宜洩，衰者宜幫宜扶，不論用神或日元之用法皆相同，且大部分八字取用神的方法都不外採用扶抑兩種。

扶抑，日元旺以食傷洩之或官殺剋之，日元弱則以比劫助之或以印生之。

例如：

抑日元

丁卯
壬寅
甲午
丁卯

甲木日元生於正月建祿之時，日元當時得令，加上年時支皆為卯木，日元旺極。旺者宜剋宜洩，剋之者金，洩之者火，而此局五行欠金，故不能以金為用，且春木亦無用金之理。局中年時干透丁火，雖年干丁火受制於壬水，但時干丁火坐木，月日支寅午會火，木旺自然生火而成木火通明之象，故格局為建祿格而用食傷。

例如：

抑日元

劫	乙亥	E
杀	庚辰	才
日元	甲午	傷
食	丙寅	祿

甲木日元生於農曆三月，餘氣猶在，再加上年支亥水長生，時支寅木得祿，日元有力。日元強宜剋之、洩之，而局中金火同透，但因春深木老，故宜以金制木為用，再以火來制金，格成財格而用食神制殺。

例如：

抑日元

食	丙子	印
食	丙申	杀
日元	甲辰	才
劫	乙亥	E

甲木日元生於秋天七月為絕地，然申與子辰會成水局，時為亥水長生，日元弱中復強，以剋之洩之。命中金雖當令，惟其氣洩於水，倒不如以丙火洩秀為用，成金生水、水生木、木生火格成七殺格而用食傷。

例如：

扶日元

E	比	日元		印
庚	壬	壬		辛
戌	午	戌	刑	丑
杀	財	杀		官

壬水日元生於午月為胎養醞釀之時，乃絕續之交，弱而無力。且年日時支官殺剋身，尤幸年時干透庚辛金，洩土生水，格成財格用官殺生印。

例如：

扶日元

財	劫	日元	才
乙	辛	庚	甲
巳	巳	午	申
杀	杀	官	祿

庚金日元生於巳月，有長生之名而無長生之實，金體脆弱。且年日支皆為火，尤幸者干透比劫，通根於申，申中藏金藏水，能扶金潤金，金體不脆，可以為用。

例如：

抑日元

比	甲寅	祿
印	癸酉	官
日元	甲寅	祿
杀	庚午	傷

甲木日元生於八月為胎養醞釀之時，然年日支皆為寅木，日元弱中復強，宜以時上庚金修剪殘枝，待三春來臨時可再次生長。格成官格而用殺印相生或傷官制殺。

二、扶抑用神

扶抑用神其實與扶抑日元之法相同，是一而二、二而一。

例如：

扶用神

劫	己未	劫
比	戊辰	祿
日元	己未	印
杀	乙亥	財

己土日元通根於年、月、日，且年、月干戊己同透，日元旺必以食傷洩之、官殺剋之。局中時干乙木透出，惟乙木雖通根但仍弱而無力，必以亥水生之，成月劫格用財生殺。

例如：

扶用神

時	日	月	年
E	日元	杀	才
甲	丙	壬	庚
午	寅	午	申
刃	E	刃	才

丙火日元生於午月羊刃當令，時為甲午，日元自坐寅木，寅午又會火，加強火之力。尤幸月干壬水七殺透出以制日元旺氣，惟壬水無力，必以年柱庚申金生之，格成羊刃格用財生殺。

例如：

扶用神

時	日	月	年
癸	庚	甲	庚
未	辰	申	申

庚金日元生於申月建祿之時，年為庚申，日元自坐辰土，時為未土生金，金極旺，旺極者宜洩不宜剋。尤幸時干癸水透出，能洩日元之氣，惟癸水力弱，必賴比劫生之，格成建祿格而用食傷洩秀。

例如：

扶用神

財	乙卯	財	
傷	癸未	印	
日元	庚戌	𠂤	
傷	癸未	印	

庚金日元生於未月印星當令，日元自坐偏印，時為正印，印旺者必以財破印為用。然夏木無水則火旺木焚，同成灰燼，故必以水來滋木，木來剋土，格成印格用食傷生財破印。

例如：

抑用神

財	戊午	官
財	戊午	官
日元	乙卯	祿
傷	丙子	𠂤

乙木日元生於五月火旺當令，年為午火，日支卯木生火，天干戊土兩透，通根於火，局中食傷財皆有力。日元雖通根有力，但為火旺木焚之局，必賴水剋火以全木之生機，格成食神生財而用印制食傷。

例如：

抑用神

劫	乙丑	財
杀	庚辰	才
日元	甲申	杀
傷	丁卯	刃

甲木日元生於三月雖財旺當令，惟三月木之餘氣猶在，且濕土能培木之根，再加上時為羊刃，年干乙木透出，日元不弱。而月干庚金透出，通根於申，且年月支財來生殺，殺旺攻身，所賴者，時干丁火傷官制殺而使格局平衡，格成財殺格而用食傷制殺。

例如：

抑用神

癸亥
癸亥
甲寅
戊辰

甲木日元生於亥月印星當令，又年為亥水，時支辰中藏水，天干癸水兩透，日元弱中復強，必取時支戊土制水，損其有餘，格成印格用財破印。

三、通關

日元或除日元外，有二神兩相對峙，其力均等者，扶抑兩難，遂以通關取而用之，使其流通——如木土對峙用火通關，土水交戰用金通關，水火交戰則用木通關，餘此類推。

例如：

財	丁巳	才
才	丙午	財
日元	壬子	刃
比	壬子	刃

此局水火交戰，宜以木通關為用。

例如：

甲辰
甲戌
甲辰
甲戌

此局甲木天元一氣，地支辰戌，成木土交戰之狀。

本應木弱用水，但三秋無用水之理，水不生木，反而凍木，唯有用火取其通關為用。木生火，火生土而使木土不交戰。

例如：

才	傷	日元	官
癸	庚	己	（合）甲
未	申	丑	子
祿	傷	祿	才

己土日元生於申月長生，雖有長生之名，卻無長生之實。惟此局始終申中藏戊土，日元得以通根，再加上年日支皆土，己土有力。所謂旺者宜剋宜洩，剋之者甲木，洩之者庚金，惟庚甲不能並用，但又不能不用，因庚金通根月令，用神有力，且為月令真神。但時干甲木坐水，官來合我，官星有力而合日元，亦不可不用。難以取捨之下，唯有用水，成金生水，水生木，灌通傷官與官之氣。

例如：

杀	才	日元	食
壬	庚	丙	戊
子	戌	寅	戌
官	食	卩	食

丙火日元生於戌月墓庫之時，餘光猶在，且自坐寅木，時亦為戌，寅戌暗拱午火，日元弱中轉旺。旺者宜剋宜洩，而丙火不畏壬水獨畏戊土晦火，故必以年上壬水為用。然局中食神強旺有力，制過七殺，唯有以月干庚金為用，格成制殺太過而用財通關為用。

四、病藥

官	傷	日元	
辛	丁	甲	×
×	×	×	×

明代張神峰創出病藥論，認為「有病方為貴，無傷不是奇，格中如去病，財祿兩相隨」，意謂八字必須有病，並要在命中、運中遇藥方為貴格。然而，此說未免偏執。須知八字講求中和或格局完整。如食傷佩印，用傷官要通根有力，印不礙傷；用印制傷者，則印要有力，緊制傷官。入格者，平生富貴，遇旺運時一帆風順，必登雲路，遇逆運時亦不至潦倒不堪。但如局中有病，如用官天干且透食傷，又局中既無印制食傷，亦無財洩食傷，則為破格，必待運行財印之時方能解傷官見官之患。

但從心理分析而言，這個論調可謂非常先進。因為格局如果清純無破，命造一生活在富貴之中，則即使稍遇逆境，亦不會影響其生活；縱遇順境，亦覺理所當然。但格局有病之人，往往出身平凡，所以偶遇逆境當作平常，而遇上順境，富貴齊來時，其心理之充實和滿足，當然會比出生富貴的人大得多。

例如：

有病有藥

甲子
丙寅
己丑
甲子

己土日元生於寅月官星當令，惟天干甲木官星兩透，重官不貴。尤幸月干丙火透出能化年干官星而獨用時上官星，官來合我，且官坐財，日元坐祿，用神與日元同旺而為貴格。

例如：

病重藥輕

財	庚子	杀
傷	戊子	杀
日元	丁亥	官
比	丁未	食

丁火日元生於子月七殺當令，年日支又為官殺，雖不透天干，但仍嫌官殺過旺。月干戊土透出制殺，惟年干庚金洩土生水，生旺官殺，尤幸時上丁火制住庚金，有病有藥，戊土仍能起制殺之功。

例如：

有病無藥

	癸亥
	癸亥
	甲子
	丁卯

甲木日元生於亥月印星當令，又年日支皆為水，年月干癸水兩透，雖時支卯木洩水生火，惟卯為濕木，無洩水之力。局中又無戊土止水，為有病無藥、水寒木凍、水泛木浮之局，一生難免四處漂泊。

例如：

有病無藥

傷	己巳	祿
官	癸酉	財
日元	丙戌	食
傷	己丑	傷

刑

丙火日元生於酉月財星當令，月干癸水官星透出，為財旺生官之局。日元通根於巳戌，雖丑戌相刑減弱丙火之力，惟三秋丙火，餘光仍長，雖稍弱仍可以官為用。可惜天干傷官透出，混濁官星，為有病無藥之局。但大運如遇上財或印星出干，此運中仍有一番作為。

例如：

有病有藥

杀	庚	辰	才
官	辛	巳	食
日元	甲	申	杀
傷	丁	卯	刃

甲木日元生於巳月食神當令，惟干透官星，本為食神礙官之局，但年干庚金透出，成官殺混雜，反賴食傷制之。不管制官留殺或制殺留官，制一自然留一，格局又變為清純。

五、調候

五行除正生剋如木生火、火生土、土生金；木剋土、土剋水、水剋火外，尚有反生剋，如木生火，但三夏火旺之時，以木生火，必致火旺木焚，同成灰燼；又水本剋火，但夏火炎烈，必以水為救助，故夏火反以水生火。

又水本生木，但冬水凍木，反礙木之生機，必以火來暖木，木方有生長之象。所以木本生火，但冬木火反而生木，此為反生剋。

夏冬兩季，必以調候為急，其他概置緩論。為使論者易於明瞭，現將五行的其他生剋狀況詳列如下：

金賴土生，土多金埋。土賴火生，火多土焦。

火賴木生，木多火塞。木賴水生，水多木漂。

水賴金生，金多水濁。

金能生水，水多金沉。水能生木，木多水縮。

木能生火，火旺木焚。火能生土，土多火晦。

土能生金，金多土弱。

金能剋木，木堅金缺。木能剋土，土重木折。

土能剋水，水多土流。水能剋火，火炎水灼。

火能剋金，金多火熄。

金衰遇火，必見銷鎔。火弱遇水，必為熄滅。

水弱逢土，必為淤塞。土衰逢木，必遭傾陷。

木弱逢金，必為斫折。

強金得水，方挫其鋒。強水得木，方緩其勢。

強木得火，方洩其英。強火得土，方斂其燄。

強土得金，方化其頑。

以上口訣雖然未必能道盡五行的狀況，但重要者已在其中矣，熟讀之必對日後判斷八字時有所幫助。

例如：

才	財	日元	官
庚	辛	丙	癸
戌	巳	申	巳
食	祿	才	祿

丙生巳月，三夏火旺之時，年戌時巳，火勢更旺，不論旺者宜剋宜洩或三夏火旺必以水為救，本局皆以水為用，然後以金生水。

例如：

食	財	日元	𠂎
癸	甲	辛	己
亥	子	巳	丑
傷	食	官	𠂎

辛金日元生於子月水旺當令，且亥子丑三會水局，水勢強旺，時柱己丑制水無力，濕泥恆凍，無用可言。濕土制水，水扶沙石同流，徒然混濁，其必要者為火，以木生火，火護木，木火交互為用，方能溫土而養金。

例如：

己巳
丙子
乙巳
丙戌

乙木日元雖生於子月印星當令，然冬水凍木，反生為剋。水寒木凍之時，必以丙火為用，然丙火兩透，年日支又為巳火，時中戌又藏火，火勢強旺，惟三冬水寒木凍之時，火多不嫌。猶如冬日之陽光，其勢不會過於猛烈，取其陽和日暖而已。

例如：

杀	甲午	印
食	庚午	印
日元	戊午	印
才	壬戌	祿

戊土生於五月火旺之時，年月支皆午火，時支戌與午又會火。日元旺雖有月干庚金洩之，然三夏火旺金熔，自顧不暇，雖有時上壬水制火潤金，惟壬坐戌土剋水而水無力，且局中火旺水弱，杯水車薪，難以為救。

例如：

辛酉
庚子
庚申
丙子

庚金日元生於子月水旺當令，時為子水與日支申金又會合成水，年柱辛酉金亦生水。日元旺者宜剋宜洩，應以水為用，惟三冬金冷水寒，無用可言。時柱丙火雖透干，可惜無根，又無財生，不能為用，唯有等運行木火，方有生機可言。

用神之順逆

順者——如財生官，官印相生，印旺用食神。

逆者——如殺旺食神，傷官駕殺，羊刃駕煞，財旺用比劫，食傷旺用印制食傷。

但不管順用逆用，只要配合得宜，亦能成格。

用神順逆口訣

財喜食神以相生，生官以護財。
官喜透財以相生，生印以護官。
印喜官殺以相生，劫財以護印。
食喜生旺以相生，生財以護食。
以上為用神之順者。

七殺喜食神以制伏，忌財印資扶。
傷官喜佩印以制伏，生財以化傷。
陽刃喜官殺以制伏，忌官殺之俱無。
梟神喜財以制伏，忌官殺以生之。
以上為逆用者。

以上例子只供參考，學者宜靈活運用，觸類旁通。

格局雖從月令而出，但用神不一定從月令而出，而要在統觀全局以後，找出其所需者，方為用神。如月令建祿、羊刃，代表身旺；如四柱再見印比則可作旺論，又旺者宜剋宜洩，故要看看何者有力，然後再考慮氣候問題，以得出格局的用神。

例如：

劫	辛未	印
官	丁酉	刃
日元	庚寅	才
傷	癸未	印

庚金日元，生於酉月羊刃當令，年為辛未，時支未土，日元強旺而有力。旺者宜剋宜洩，剋之者火，洩之者水，然三秋寒氣漸進，必以火制金、暖金為用，無火才考慮用水。

正官佩印

例如：

	日元	印	
×	庚	戊	×
×	×	午	×
		官	

月令為正官，日元必然失令，宜用印洩官生日元。

傷	日元	官	印
丁	甲	辛	壬
×	×	酉	×
		官	

又如官格見食傷礙官，亦宜以官生印，印制食傷以護官。

印綬用官

	日元	官	
×	甲	辛	×
×	×	亥	×
		印	

月令印綬，日元大多生旺，宜透官以制之，為官印相清或官印相至。

月令印綬，日元他處無根，天干透財剋印，必以官星為救，成財生官，官生印，印生日元。

以上雖同是官印格，但佩印者忌財破印，印綬用官者生財生官。

食神生財

月令食神，日元生旺，必以財流通其氣，而成日元生食傷，食傷生財。忌見比劫奪財，惟比劫不與財相鄰則不為忌。

財格用食

月令為財，干透食神，雖同為食傷生財，但財格用食神，透比劫不忌，反而以比劫生食傷，食傷生財為喜。

偏印透食

月令偏印，日元身強，必以食傷為用，喜見財星。

食神逢梟

月令食神，日元身弱，必以印星為用，為食神佩印，最忌透財以壞印。

殺格用食

月令七殺，日元不弱，宜用食傷制殺。用食制殺者，最忌見印，因印制食傷，食傷不能制殺，殺旺則攻身而破格。

印綬用殺

月令印綬，印弱而日元無根，宜以殺生印，印生日主，最忌見財生殺壞印。

殺格逢刃

月令七殺，日元必弱，而別支見刃，為羊刃駕殺。

陽刃用殺

月令羊刃，日元強旺，最好干透七殺而殺星有力，足以剋制日元。

其實不論何種格局，其他五神皆可為用神，現再詳述如下，讓各位讀者進一步瞭解用神之取用法。

一、羊刃與建祿月劫格（即月令為日元的臨官、帝旺、比劫）

羊刃、建祿、月劫格用比劫：

日元雖通根於月令，惟滿局財星、日元不堪負荷，故必以比劫奪財為用，格成羊刃建祿格，財多身弱用比劫。

羊刃、建祿、月劫格用食傷：

日元為月令當旺之五行，且其他地支有印比生助。旺者宜剋宜洩，如局中並無官殺，只見食傷，必以食傷洩秀為用，格成日元旺用食傷洩秀。

日元旺，天干透七殺，成身殺兩停。如局中食傷透出天干，則以食傷制殺為用，格成羊刃、建祿、月劫格而用食傷制煞。

羊刃、建祿、月劫格用財•

羊刃、建祿、月劫因係日元當令，身必不至過弱，然局中食傷天透地藏而有力，又局中無印制食傷，唯有用財來洩食傷，流通其氣。格成羊刃、建祿、月劫格，用財洩食傷。

又日元通根月令，再加上有印比生助，日元旺極，而局中官殺透出但無根，必賴局中財來生官殺，官殺制日元為用。格成羊刃、建祿、月劫格，用財生官。

羊刃、建祿、月劫格用官殺•

日元通根月令，且有印比生助，局中透財，但遭比劫奪之，必賴官殺制比劫以護財。格成羊刃、建祿、月劫格用官殺制比劫護財。

羊刃、建祿、月劫格用印：

羊刃、建祿、月劫雖係月令旺神，惟四柱食傷，官殺競透，日元不勝負荷，不能以食傷制官殺，必宜以印洩官殺生日元制食傷為用，為一舉三得之策。

又或日元官殺同旺，兩傷對峙，無食傷制之，不得已而以印通關。格成羊刃、建祿、月劫格，用印洩官殺生日元。

二、食神傷官格（即月令食神或傷官）

食傷格用比劫：

食傷雖當令，惟局中印星強而有力，制過食傷，宜以比劫洩印生食傷為用。格成食傷格，用比劫洩印生食傷。

食傷格雖月令為食傷旺地，惟局中財過旺，洩弱食傷，必以比劫為救。比劫能剋財，生食傷而使格局平衡。格成食傷格，財旺用比劫。

食傷格用食傷•

月令雖為食傷，然日元滿盤比劫，必以食傷為用，洩日元之氣，使其氣勢流通。格成食傷格，身旺用食傷洩秀。

月令食傷，日元通根有力，天干七殺透出亦有力，此時必以食傷制殺為用。格成食傷格，以食傷制殺。

食傷格用財•

月令食傷成旺，日元亦旺，宜以財洩食傷流通其氣，格成食傷格用財洩食傷。

食傷雖係月令旺神，惟格中印星滿盤，強而有力，制過食傷，此時必以財破印以護食傷，格成食傷格用財破印。

食傷格用官殺•

食傷雖為月令旺神，然局中日元天透地藏強而有力，如火為食傷，木多火塞；土為食傷，火炎則土燥，此時必以官殺為救，制弱比劫而使食傷流通其氣。如木多火塞，必以金剋木，如刀斧劈碎大樹，方能引火，格成食傷格用官殺制比劫。

滿盤食傷，洩過日元，局中雖有印制食傷，但印星無力，此時必以官殺生印制食傷為用，格成食傷格而用官殺生印。

食傷格用印•

月令食傷且天透地藏而有力，日元根弱，必賴印制食傷生日元為用，格成食傷佩印。

日元弱，除食傷強旺外，官殺亦強，必以印洩官殺生身制食傷為用，格成食傷格，用印洩官殺生日元。

三、財格

財格用比劫•

月令為財，且通根天透地藏而有力，成財多身弱，必賴比劫為救，格成財旺用比劫。

財格用食傷

局中日元與財同旺，成兩相對峙，必以食傷流通其氣，格成財格用食傷。

財格用財

日元不旺，但有強印生之，惟印有餘，故宜以財破印去其有餘。格成財格，用財破印為用。

財格用官殺

日元天透地藏，比劫強而有力，成比劫奪財，必以官殺制比劫護財為用。格成財格，用官殺護財。

財格用印

財星當令，食傷天透地藏而有力，洩弱日元，必須以印制食傷以生日元。日元強旺，自能駕馭財星。格成財格，用印制食傷。

四、官格

官格用比劫

官星當令，復有強財生之。官星過旺唯恐剋日元過度，必以比劫奪財，取其有餘，格成官格用比劫奪財。

官格用食傷

官格以見食傷為忌，惟三冬水旺之時宜以乾土制之，三夏火旺之時宜以水剋之，取其調和氣候，非取其剋。

官格用財

官星雖當令，但孤官無輔，必賴財以生之，格成官弱用財生官。

官星本不弱，但有強印洩弱官之力，此時亦宜以財破印生官為用，格成官格用財破印護官。

官格用官：

官星雖當令，但孤官無力，又無財生，不得已而以官星生助，格成官弱用官。

官格用印：

官旺，日元弱，必以印洩官以生日元，格成官印相生。

五、七殺格

殺格用比劫：

局中殺旺，但無食傷、羊刃制殺，唯有以比劫合殺為用，格成殺格用比劫合殺。

劫	杀	日元	
乙	庚	甲	×
×	申	×	×
	杀		

七殺當令，且有強財生之，必以比劫去財，以免財生殺。殺旺攻身，格成殺格用比劫去財。

殺格用食傷‧

七殺乘旺，天透地藏而有力，日元亦旺，此時必以食傷制殺為用，格成七殺格用食神制殺。

七殺格，殺旺，印旺日元亦旺，無用可言，必以食傷洩日元流通其氣。格成殺印日元皆旺，用食傷洩日元。

殺格用財‧

七殺雖當令，惟別處無根，七殺無力，必以財滋弱殺為用，格成財滋弱殺。

七殺格，食傷過旺，制過七殺，必以財洩食傷生殺，格成制過七殺用財通關。

殺格用殺‧

七殺格，殺弱，無財生，日元又過旺，唯有以七殺比助為用，格成殺格用殺。

殺格用印•

七殺格，殺旺，日元或印或兩者皆弱，必以印化殺生日元為用，格成殺印相生。

七殺格，日元弱，食傷制殺太過，必以印化殺生日元制食傷以護殺，格成殺格用印制食傷以護殺。

官星雖旺，但局中見食傷礙官，必以印制食傷以護官星，格成官格以印制食傷以護官。

六、印格

印格用比劫•

局中印星天透地藏而有力，又無財剋之，不得已以比劫洩印為用，格成印格用比劫。

印星雖旺，但有強財剋之，必要比劫制伏財星以護印，格成印格用比劫奪財以護印。

印格用食傷•

印星當令而旺，日元亦不弱，必以食傷洩日元，流通其氣，格成印格用食傷洩秀。

印格，印星強而有力，必以財損印為用，然財星力弱，宜以食傷生之。格成印旺，用財以食傷生財制印。

印格用官殺•

印格日元弱，除月令印星外，並無生助，宜以官殺生印，印生日元為用。格成印格，用官殺生印。

印格，印星雖不弱，惟局中財星強而有力，制過印星，宜以官殺洩財生印為用，格成印格用官殺洩財護印。

印格用印•

印格，局中食傷過旺，必以印制食傷為用，格成印格用印制食傷。

印格，官殺滿盤，得地得勢，日元無力，必賴印洩官殺生日元為用。格成印格，用印洩官殺生日元。

第九章：用神之成敗應救

事實上，用神的情況，不一定如上章的例子般配合得宜。而配合不宜的格局，便會無所用，稱為「敗格」。此格必待運行助之以成其格，現詳釋如下。

成格

官逢財生

月令正官。

日元旺，官星弱，局中有財生官。

日元弱，官星旺，有印洩官。

官要帶財、印為輔助，財來生官，印以化官，但需財印不相礙。

財旺生官

月令財星。

天干透官，身旺用官制比劫。

身弱，用比劫分財，但需官劫不相鄰。

財逢食生

月令財星。
身旺有食神洩日元生財，無印制食，見比劫有食神轉化無礙。
身弱有印比生助，印以制食，劫以分財。

印輕用殺

月令印綬。
身弱有殺生印，印生身，為殺印相生。
身旺印弱，有七殺制日元，見財不忌。

印綬用官

身弱印弱，用官生印，印生日元，為官清印正。
身旺印弱，則以官制日元，見財不忌。

印強身旺

見食傷洩秀生財。
見官殺而有強財生官殺制印。

月令食神

日元旺，四柱見財，為食神生財。
日元旺，四柱見殺，為身旺殺高有制。
身弱殺旺見印，則棄食神而用殺印。雖月令食神，亦棄而不用。

月令傷官

身旺見財，為傷官生財。
身弱見印，為傷官佩印。
身旺見殺，為傷官駕殺。
身弱殺旺見印，為棄傷官而用殺印。

註：以上成格之局與上章的例子有相近之處，反而敗格之局要多加留意。

敗格

正官格

月令正官，傷官蓋頭或透官而有傷官剋官。
月令官星逢印沖。

財格

月令財星。
財弱見比劫奪財。
財旺透七殺，財黨殺以攻身。

印格

月令印綬。

印輕財重，印被財破不能為用。

身強印旺，不見食傷洩秀。

身強印旺見官殺，官殺亦旺而成官殺生印。印生日元，日元自旺其身，五行閉塞不通。

食神格

月令食神。

身旺透印制食神。

身弱見財，日元不勝負荷。

身弱見官殺而無印，日元剋洩交加。

傷官格

月令傷官。
天干透官為傷官見官。
印輕日元弱有強財制印。
身旺印強，制過傷官。

陽刃

身旺而食傷官殺無力，又不能從旺。

建祿月劫

日元旺官星輕，無財生官。
見食傷又為強印所制。

因成得敗

格局用神有成有敗，有時又因成得敗或敗中有成。

正官格

身旺逢財生官，但天干透食傷緊貼官星。

食	官	日元	傷
丙	辛	甲	×
×	酉 官	×	×

合（丙、辛）

月令正官，天干透出，本為格成。可惜天干透食神合官，官星不清而破格（官殺格以合官為病，合殺為貴，殺可合而官不可合，然合日元除外）。

財格

天干透官，為財旺生官，但干透傷官而破格。

財格透官但財被他支所合而轉化為別的元神，以致孤官無輔。

身旺財旺，兩相對峙而無食傷轉化。

印格

印旺透食傷洩秀，但食傷被強印所制又無財星轉化。

印輕，殺旺且有強財相生，財破印，生殺攻身。

食神傷官格而用殺印

月令食傷，但天干透殺印而棄食傷，用殺生印。印生日元，可惜印被財剋，不能化殺生身，成剋洩交加，身弱無救。

七殺逢食制

身殺兩停必用食神制殺，但食神為強印所制。

日元不弱，但局中財旺無印，成食生財，財生殺，殺攻身。

傷官生財

身旺用食傷洩秀生財，但食傷為強印所制。

傷官佩印

日元身弱，必用印制傷官生日元為用，可惜印被強財所制。

陽刃格

本有食傷洩秀，但食傷被強印制伏。見官殺，但無財生又無根不能為用。見官星，雖有力但又為傷官所制。

建祿月劫

用官見財生官，可惜又透傷官。用食傷亦被強印所制。

敗中有成

官格

	日元	傷		印
×	甲	丁		壬
×	×	酉	合	×
		官		

月令正官，天干透傷官為破格，但傷官被別干合住而不破格。

官格

		日元			
×		庚		×	×
申	合	子	沖	午	×
祿		傷		官	

月令正官，但官星逢沖而破格，又遇別支合住沖神，減輕其沖力，仍得以成格。

財格

	日元	劫	食
×	甲	乙	丙
×	×	丑	×
		財	

月令財星，天干透劫而破格，但又見食傷洩比劫生財，流通其氣，而格又成矣。

財格

	日元	劫	官
×	甲	乙	辛
×	×	丑	×
		財	

月令財星，天干透劫，本為敗格，但天干又透官星制住比劫，故得以成格。

月令財星

食	日元		杀
戊	丙	×	壬
×	×	酉	×
		財	

天干透殺，為財生殺而攻身，但干透食神制殺。

壬	丁	丙	×
子	酉	×	×

或透比劫合殺。

印格

財		日元	劫
戊	×	乙	甲
×	亥	×	×
	印		

月令印綬，天干透財為財破印而格破，但別干又見比劫制財護印而格成。

食神格

杀	㔾	日元	食
壬	甲	丙	戊
子	辰	×	×
官	食		

月令食神，天干透印為梟神奪食而破格，但又透七殺成殺印相生而格成，此謂之棄食神而用殺印相生。

食神格

	日元	卩	才
×	壬	庚	丙
×	×	寅	×
		食	

月令食神，天干透印制食破格，但天干財星透出制印護食而又格成。

傷官生財

食		傷	日元	杀	財
(丙)	或	丁	甲	庚	己
		×	×	午	×
				傷	

月令傷官，天干透財，但又透殺，財生殺攻身而破格，但天干食傷透出，制住七殺而格又成，格局轉為傷官駕殺或食神制殺，不再以傷官生財論。

建祿格

食	杀	日元	財
丙	庚	甲	己
戌	寅	辰	巳
才	祿	才	食

用食傷生財，但又透七殺，成食傷生財，財生殺，殺旺攻身而破格，但天干又透食神，緊貼七殺，格局轉為建祿格用食神制殺而又格成。

再論成敗應救

官	食	日元	印
壬	己	丁	甲
寅	酉	巳	辰
印	才	劫	傷

財星當令而干透官星，為財旺生官，可惜天干透食制官而破格。尤幸時干甲木遙合己土，己土貪合忌剋而又格成。

印	杀	日元	財
己	丙	庚	乙
卯	子	寅	酉
財	傷	才	刃

月令傷官，天干透殺印，本應棄傷官而用殺印相生，可惜印坐財地，財剋印而無力化殺，唯有用回傷官制殺。但原局傷官不透而破格，唯待運行食傷透干之運而格成。

	年	月	日	時
天干十神	E	比	日元	官
四柱	甲申	沖 丙寅	丙辰	癸巳
地支十神	才	E	食	祿

	年	月	日	時
天干十神	財	才	日元	官
四柱	丁亥	丙午	壬寅	己酉
地支十神	祿	財	食	印

	年	月	日	時
天干十神	官	印	日元	杀
四柱	丁巳	己酉	庚子	丙戌
地支十神	杀	刃	傷	E

丙火日元，生於寅月印星當令。日元身旺必以官星為用，然用官最宜財印相輔，財以生官，印以生身，然局中財印相沖，財印兩傷，輔佐傾軋不得力，為成中有敗。

壬水日元，生於午月財星當令。天干財官並透，格成財旺生官，又局中帶財帶印，兩不相礙而格成。

庚生酉月，羊刃當令，時干七殺透出，為羊刃駕殺，但年干丁火官星透出，成官殺混雜而破格。尤幸月干印星透出洩官星轉生日元，專用時干七殺制刃，格又成矣。

劫	比	日元	杀
丁	丙	丙	壬
未 合	午 沖	子 合	辰
傷	刃	官	食

丙火生於午月羊刃當令，必以時干七殺制刃，然地支子午相沖，日元與七殺之根同皆受損。尤幸年月午未相合，日時子辰相合，貪合而忘沖，格又成矣。

用神變化

用神從月令透出，為月令真神，而真神得用，用神必然有力，大多能成為上格。然月令所藏之神不一，除子、卯、酉外，其餘皆藏二至三個元神，如寅中木旺，火土為長生；又如辰中土旺，木為餘氣，水為墓庫，午中丁己則同為旺神。

除月令所藏之神不一外，亦有因三合而變化，例如未月土旺當令，但支見亥卯，則與未化成木局；又如巳火，支至酉丑化為金局，此亦用神之變化。

例如甲生寅月，寅為甲之祿地，但日元變為丙火，則寅變為火之長生。雖寅月木旺，但主事者已變為火矣。

又如丁生亥月，本為官星當令，但支見卯未，則亥卯未會成木局，官已化為印。

另外，如己土生申月為傷官當令，但天干不透傷而透壬，又申為壬之長生，則格局又化為財矣。

用神的變化不一，如用神從月令所藏而出則用月令，但用神不從月令而出亦要從他處尋找用神，不會因月令找不到用神而無用神。但不管用神是否從月令而出，其關係總會與月令有關。

例如：

才	甲子	傷
杀	丙子	傷
日元	庚申	祿
印	己卯	財

庚金生於子月傷官當令，然冬天無用水之理，故月令雖為水亦棄之不用，必用丙火暖局，以木生火。格局雖為傷官，但已變成財滋弱殺，縱用神不在月令，但亦與月令有關。

例如：

官	甲	子	才
印	丙	寅	官
日元	己	未	祿
印	丙	寅	官

己土生寅月雖為長生，但木旺之時，土無長生之理，惟寅中甲木透出，局中必以官星為用。尤幸天干丙火又透出，成木生火，火生土，官印相生。最妙者木、火、土三者皆從月令而出，皆為月令真神，必為貴格。

例如：

才	丙	子	刃
比	壬	辰	杀
日元	壬	申	𠂎
傷	乙	巳	才

壬水日元生於辰月七殺當令，然與申子合成水局，殺化為劫，專用時柱傷官生財，格局由七殺轉為傷官生財矣。

除以上用神變化外，更重要者是氣候配合得宜。如同葡萄種子，生於濕地則英雄無用武之地，生於雪地則難以萌芽生長，必須得地理氣候配合得宜，方能栽種成功，而人亦猶如種子一樣。如大英雄、大豪傑，生得其時則事半功倍，生不逢時則雖有才能亦無處發揮。

官印相生

日元	E	官
甲	壬	辛
	子	
	印	

官印相生，本為貴格，然三冬水寒木凍，金水皆無用，水不能洩金生木，反而凍木，有礙木之生機。

食傷佩印

	日元	食	
×	甲	丙	×
×	×	子	×
		印	

印旺必然用食傷洩秀，然冬木用之猶為秀氣，冬木遇火，不但洩秀，還有調和氣候、暖水溫木之效。

傷官見官

傷	日元	E	官
壬	辛	己	丙
辰	酉	亥	午
印	祿	傷	杀

書云：「傷官見官，為禍百般」，但金水傷官，反喜見官，不但不忌，反能增其秀氣，因三冬金冷水寒，水化為冰，無用可言，必要見官，驅寒解凍，方可為用。同樣傷官用殺為傷官駕殺，但用之冬金則格局高出逾倍。

傷官佩印

	印	日元	
×	壬	甲	×
×	午	×	×
	傷		

傷官格身弱用印，隨時可見，但夏木傷官佩印，則秀氣愈發，因三夏傷官用印除能生木制火，還能起調候之功。

傷官生財

	才	日元	
×	甲	庚	×
×	子	×	×
	傷		

傷官生財，隨時可用，但用於冬金，多不能取貴，縱富亦為小富而已。同樣，傷官生財用於夏木亦不秀氣。

木火通明

	傷	日元	
×	丙	甲	×
×	寅	×	×
	祿		

春木逢火，為木火通明，不止能洩木之秀氣，且能驅寒解凍。

木火通明

××	傷 丁巳 官	
××	日元 甲×	

夏木逢火，為火旺木焚，同成灰燼，不僅不能洩木之秀，反而焚木矣。

金白水清

××	食 壬申 祿
××	日元 庚×

秋金用水，因氣候適宜，即使無火，用食傷洩秀亦佳，為金白水清，金水相涵。

金冷水寒

××	食 壬子 傷
××	日元 庚×

冬金見水，為金冰水寒，如寒金藏於冰中，無用可言。

論相神（喜神）

找出用神以後，便要找出扶助用神之神——如身旺用官，以財生官，官為用神，財為相神，如君王有宰輔一樣。如格局用殺，以殺為用，身弱用印，印為相神，身旺用食傷，則食傷為相神。相神為全局最重要之神，有時比用神更重要。

傷用有甚於傷身、傷相又有甚於傷用

如甲木用官，逢丁剋官星，丁為忌神，但天干又透壬，則壬合丁而不傷官星。壬為全局最重要之字，如見戊土剋制壬水，則壬制丁之力弱，整個格局又打回原形，成傷官見官。

	傷	日元	
壬	丁	甲	×
×	酉	×	×
	官		

（壬 合 丁）

又如戊生子月財格，但天干又透甲，為財生殺旺，殺旺則攻身。天干透己，合住七殺，而己為全局最重要之字而為相神。

劫 己 ×
合
殺 甲 子 財
日元 戊 ×
× ×

又如乙生酉月，天干透丁制殺，而又透癸剋丁即為破格。但時干透戊，戊癸遙合而丁火食傷又可制殺。

食 丁 ×
印 癸 酉 殺
日元 乙 ×
財 戊 ×

又如癸生亥月，天干透丙用財，惟財逢月劫則成比劫奪財。但支見卯未化成食傷，亥水化成木局轉而生火，則卯未為相神。卯未二字尤以卯最為重要，如大運逢酉沖卯，相神被破，亥再變回水則又奪財矣。

丙
亥 劫
日元 癸卯 食
×未 殺

相神無破，則格局有成；相神有傷，則立敗其格。

如甲用酉官，天干透丁逢癸，則癸剋丁而不傷官星。但又透戊合癸，相神受損，故復變回傷官見官而破格。

傷 丁×
印 癸酉 官
日元 甲×
才 戊×

又如丁用酉財，天干透癸而又逢己，為食神制殺。但又透甲，則甲合己不能制殺而破格。

殺	癸×		
食	己	酉	才
日元	丁×		
印	甲×		

以上兩格皆有情而化無情。總而言之，格局所需要之物有損則為破格，此為之有傷，局中無藥則待大運流年救之。但運遇得救則此五年、十年運程暢順，但運過後又會回復原狀，不比命有得救之神為佳。

看命口訣

用之官星不可官，不用官星盡可傷。

用之財星不可劫，不用財星盡可劫。

用之印綬不可壞，不用印綬盡可壞。

用之食神不可奪，不用食神盡可奪。

第九章 用神之成敗應救

用之七殺不可制，制殺太過反為凶。
身殺兩停宜制殺，殺重身輕宜化殺，身強殺淺宜生殺。
陽刃重重喜身食，若逢官殺亦生殃（見註）。
財多身弱宜劫刃，劫重財輕喜食神。
官旺身衰宜印地，官衰印旺利財鄉。
莫道梟神無用處，殺多食神最為良。
勿謂陽刃是凶物，財多黨殺亦為貞。
此是子平真要訣，後之學者細推詳。

註：旺者宜剋宜洩，但過旺者則宜洩不宜剋，因恐激怒旺神，如杯水車薪，反激其燄。

實習例子

例如：男命　二〇〇八年西曆七月十二日下午3時15分出生

官	杀	日元	印
戊	己	癸	庚
子	未（沖）	丑	申
祿	杀	杀	印

9	19	29	39	49	59
庚申	辛酉	壬戌	癸亥	甲子	乙丑

癸生未月七殺當令，天干官殺並透為官殺混雜，尤幸戊己同聚一方，且時干庚金透出洩官殺，格成殺印相生。殺為用神，印為喜神。

例如：女命　一九九四年西曆十一月十三日中午12時出生

傷	食	日元	官
甲	乙	癸（合）	戊
戌	亥	卯	午
官	劫	食	才

2	12	22	32	42	52
甲戌	癸酉	壬申	辛未	庚午	己巳

癸生亥月月劫當令，可用食傷洩秀或官星制劫。可惜天干官星食傷同透，用官則食傷礙官，用食傷則因官星合住日元，不能不用。唯有用財流通其氣，成傷官生財，財轉而生官。

例如：男命　一九七〇年西曆八月十日申時出生

時	日	月	年
杀	日元	食	E
戊	壬	甲	庚
申	戌	申	戌
印	杀	印	杀

10	20	30	40	50	60
乙酉	丙戌	丁亥	戊子	己丑	庚寅

壬生申月，印星當令，天干透殺為殺印相生。但天干又透食，為食神制殺，可惜為食神為印所制，不能為用，不得已又轉為用印。但因局中身殺兩停，本宜以食神制殺為上格，現轉為用印，則格局差許多矣。

例如：女命　二〇〇八年西曆五月十五日上午9時30分出生

時	日	月	年
杀	日元	食	財
辛	乙	丁	戊
巳	卯	巳	子
傷	祿	傷	E

3	13	23	33	43	53
丙辰	乙卯	甲寅	癸丑	壬子	辛亥

乙木生於巳月傷官當令，天干七殺食神透出，本為食神制殺，但三夏火旺金熔，必以水為救助，格局轉為食傷佩印，全局全賴此一「子」字。

蘇民峰用神取用法

發明寒熱命論之前，我已將用神之取用法運用得出神入化。其實，看命不一定要定格局，因同一個命造可出現數個不同的格局。所以，部分學者常會因為不同看法而爭拗，實在非常無謂。而用神與格局一樣，或會在同一個八字出現一種至三種用神。有時，三種用神會合而為一，但有時，又會各有不同。而我取用神之法有：

格局用神——格局用神用以定格局。

需要用神——全局最重要之字。

調候用神——不管格局如何，都要有調候用神。如局中沒有調候用神則格局不論如何，均非上格（後再伸延調候用神化為寒熱命理論）。

例如：

比	日元	殺	殺
丁	丁	癸	癸
未	卯	亥	丑
食	E	官	食

格局用神——七殺

需要用神——印

調候用神——比劫

格局用神

用以判斷從事何種職業。如上述七殺為格局用神，印為需要用神，格局為殺印相生，文人帶兵，現代職業可能是大機構主職或警察之領導級人物。

需要用神

用以判斷行運，又行助旺需要神之運則佳，行剋制用神之運則凶。如此八字卯為整個八字之重心，如大運行酉，酉沖卯，則整個八字破矣。又酉為財，印為名譽，酉沖卯代表因財而引致名譽受損，最直接之想法是因貪污而得污名。

調候用神

行調候用神之運最有幫助，運途定必暢順。行助調候用神之運亦佳，但以調候之神為主，助調候之神為次。

上述之判斷法，在進一步研究判斷格局與行運時會詳加論述，在此列出一例只是作為引子，旨在增加各位讀者的研究興趣而已。

八字入門捉用神

作者

蘇民峰

策劃/編輯

吳惠芳

美術統籌

Ame

美術設計

Man

出版者

圓方出版社

香港北角英皇道 499 號北角工業大廈 20 樓

電話：2564 7511

傳真：2565 5539

電郵：info@wanlibk.com

網址：http://www.wanlibk.com

http://www.facebook.com/wanlibk

發行者

香港聯合書刊物流有限公司

香港荃灣德士古道 220-248 號荃灣工業中心 16 樓

電話：2150 2100

傳真：2407 3062

電郵：info@suplogistics.com.hk

承印者

中華商務彩色印刷有限公司

香港新界大埔汀麗路36號

規格

32 開 (216mm X 142mm)

出版日期

二〇一〇年三月第一次印刷

二〇二三年六月第六次印刷

Published in Hong Kong, China by Forms Publications,

a division of Wan Li Book Company Limited.

ISBN 978-988-8295-53-1

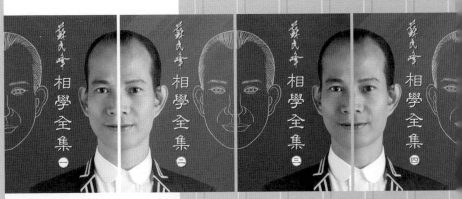

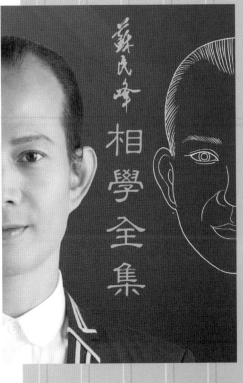

八字秘法 全集

「八字秘法」可稱為「江湖訣」，是玄學大師蘇民峰師傅三十多年來經驗所得，期間經過不斷鑽研、實踐、驗證，以淺顯易明的文字，配以實例，逐一印證和解釋秘訣要義。

《八字秘法全集》命例超過四百個，分成兩冊，涵蓋家庭、健康、感情、財富等方面的論斷，更附論命基本知識，以饗八字新手。

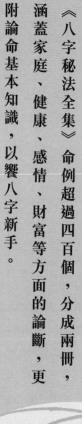

蘇民峰作品集

風水

- 《風水謬誤與基本知識》
- 《家宅風水基本法（增訂版）》
- 《如何選擇風水屋》
- 《風水天書（第六版）》
- 《風生水起 理氣篇》
- 《風生水起 巒頭篇》
- 《風生水起 例證篇》
- 《風生水起 商業篇》
- 《生活風水點滴》
- *Feng Shui Guide for Daily Life*
- *A Complete Guide to Feng Shui*
- *Feng Shui —— A Key to Prosperous Business*

八字

- 《八字萬年曆（增訂版）》
- 《八字入門 捉用神（第六版）》
- 《八字筆記壹》
- 《八字筆記貳》
- 《八字進階論格局看行運（第二版）》
- 《八字論命（第四版）》
- 《八字・萬年曆》
- 《八字秘法》

姓名學

- 《玄學錦囊 姓名篇（新修版）》
- 《簡易改名法》

相學

- 《玄學錦囊 相掌篇（增訂版）》
- 《中國掌相》
- 《觀掌知心 入門篇》
- 《觀掌知心 掌丘掌紋篇》
- 《觀掌知心 掌紋續篇》
- 《實用面相》
- 《觀相知人》
- 《相學全集（卷一至卷四）》
- 《談情説相》
- *Essential Palm Reading*
- *Practical Face Reading and Palmistry*

其他

- 《峰狂遊世界》
- 《瘋蘇 Blog Blog 趣》
- 《蘇民峰美食遊蹤》
- 《師傅開飯》